KB073840

광화문광장

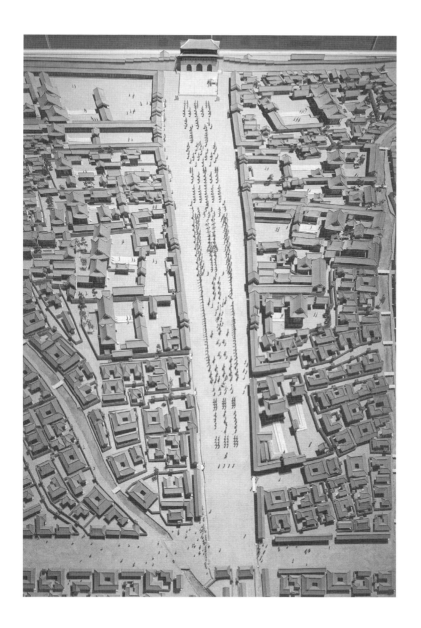

광화문광장

서사 · 이데올로기 · 재탄생

강병호 지음

좋은땅

　역사는 승자의 기록이라 했던가, 이 말의 진실 여부를 떠나 기록되지 않은 것은 잊혀진다는 것은 자명하다. 최악의 경우는 그 비어 있는 역사책에 누군가 목소리 큰 사람의 억지가 사실로서, 신화로서, 이데올로기로서 채워지는 것이다.

　2006년 광화문광장 조성 사업 아이디어를 내고 광장의 형태와 명칭 결정까지 관여하였던 필자가 이 책을 쓰게 된 것도 기록되지 않은 역사는 왜곡되고 결과적으로 그릇된 역사 인식이 사람들에게 진실인 양 받아들여질 가능성을 조금이라도 없애기 위해서이다. 하지만 필자의 기록도 다른 사람의 기록의 진실성을 전제하기에 100% 무결점이라고 주장할 만용을 부리고 싶지는 않다. 이 책의 부제목을 서사라고 붙인 심리도 픽션과 논픽션을 넘나들을 수밖에 없는 한계 때문이다.

　이 책은 광화문광장의 원형이라 할 수 있는 조선시대 육조거리의 방향과 형태가 문제의 출발이자 종착점이 되는데, 그 이유는 정확하고 세세한 역사기록과 도면이 충분하지 않기에 해석과 논란이 이어지는 것이다. 한양·경복궁·광화문·육조거리를 설계한 정도전이 좌묘우사(左廟右社), 전조후시(前朝後市), 백악주산설(白岳主山說) 등 도시와 궁궐 조성의 원리와 내용을 기록으로 남겼지만 육조거리가 광화문 네거리로 내려가면서 구부러지고 폭이 좁아지는 형태로 만들어진 배경을 기록으로 남기지 않았기에(아니면 기록되었는데 우리가 못 찾는 것일지도 모른다.) 해석과 신화가 일어나는 것이다. 가장 설득력 있게 주장되는 해석은 백악산(북악산)을 주산으로 하여 관악산을 바라보게 하면 큰 화재가 날 것이라는 무학대사의 풍수적 경고 때문에 육조거리의 방향과 형태를 휘어지고 좁아지게 하였다는 것이다.

불교와 풍수를 통치 이데올로기로 삼아 운영되던 고려에 반대하여 이씨 조선을 세운 개국공신 정도전은 공식적으로 성리학을 국가 통치 이데올로기로 주장하고 불교와 풍수를 배척하는 입장을 취했기에 표면상 육조거리를 풍수사상에 따라 비보(裨補)하는 차원에서 조성했다는 것을 문서화하지 않았을 것이다.

윤석열 대통령이 청와대에 들어가지 않겠다고 하면서 "공간이 의식을 지배한다"고 한 말이 한동안 회자된 기억이 난다. '의식이 공간을 만들고, 공간은 의식을 지배'한다는 의식과 공간 간의 역학적 관계는 일반적으로 받아들여지는 명제이다. 조선의 한양과 궁궐, 육조거리의 설계에도 유교가 가장 중요한 이데올로기였다. 임금과 신하가 같이 통치한다는 군·신 공치제(君臣共治制)와 민본주의를 육조거리 공간에 구현하여 백성을 의식화하고 지배관계를 공고하고 영구화하고자 한 것이다.

건조환경으로 둘러싸인 넓고 열린 공간으로서 광장을 대하는 통치자와 지배계급은 광장의 형태와 용도에 대하여 고민하지 않을 수 없다. 동양에서는 낯선 광장(공간)을 대하는 통치자와 지배계급의 입장은 조선왕조에 이어 일제강점기 총독부, 해방 후 이승만·박정희·전두환 정권 등 시대에 따라 변하여 왔다. 광장을 통치자와 지배계급의 권위, 정통성과 정당성을 가시화하여 백성을 의식화하려는 과시형 광장이 이 시기에 주된 유형이었지만 시민의식이 성장하면서 거리·공원·광장 등 광장 공간은 정권에 대한 저항형 광장으로 서서히 역할을 하게 된다. 1919년 3.1 만세운동, 1961년 4.19 혁명, 1987년 6월 민주화 투쟁이 거리와 광장에서 치열하게 전개된다. 2016년에서 2017년까지 광화문광장에서 연인원 1600만 명이 참여한 평화적 촛불집회는 저항형 광장이 소통형(민주형) 광장으로 전화하는 큰 역사적 사건이 된다. 광장이 시민들에 의하여 온전히 전유(專有)된 것이다.

2022년 8월 6일 광화문광장은 재탄생된다. 2009년 조성된 후 칭찬과 비난이 혼재된 공간이 재구조화되어 세종문화회관 쪽 차도가 광장으로 편입된 서측 광장 형태로 만들어진다. 서측 광장을 옹호하는 논리는 일제가 들어서 만든 세종로의 축 대신에 조선시대 원래의 육조거리의 방향으로 광장을 만들어야 진정한 역사 복원을 이룰 수 있다는 것이다. 조선의 육조거리는 광화문에서 출발하여 130m 구간만 관악산 쪽을 향하다가 꺾이면서 나머지 구간이 황토현으로 좁아지면서 내려오게 조성되었다는 것이 역사적 사실이다. 서측 광장의 논리는 일부는 맞고 일부는 틀리게 된다. 광장 형태의 정통성 시비가 재현될 수밖에 없는 결정적 대목이다.

이 책은 네 부분으로 구성하였다. 제1장 서사에서는 2006년 광화문광장이 탄생하게 된 이야기를 도심재창조공약, 교통과 은행나무, 휘어진 육조거리로 살펴본다. 제2장 이데올로기에서는 광장과 이데올로기 간의 관계를 최인훈의 광장, 이데올로기, 르페브루의 《공간의 생산》, 광장의 역사와 유형에서 확인한다. 제3장 서울의 광장과 이데올로기에서는 조선왕조, 일제강점기, 이승만·박정희·전두환 정권에 이어 1987년 민주화 이후에 등장한 직선제 정권, 2016년 촛불집회까지 광장의 유형이 과시형에서 저항형으로 다시 소통형으로 전화되는 것을 광장 공간에서의 집회와 시위에 대한 각 정권의 입장과 함께 소개한다. 마지막 제4장에서는 2009년 광장이 조성된 이후 2022년 재탄생하기까지 재구조화려는 여러 시도와 쟁점을 소개하고 육조거리의 정확한 위치와 형태를 밝히고, 집회와 시위에 대한 정부와 서울시의 전향적 검토와 미래의 전면보행광장화에 대한 필자의 바람으로 정리한다.

헤겔은 역사는 우주적 이성의 실현과정이라고 한다. 오세훈 시장-박원순 시장-오세훈 시장으로 중앙 배치 광장에서 서측 배치 광장으로 변증법적으로 발전하는 광화문광장을 보면서 지금 시대에의 광장에서의 이데올로기는 무엇인가 자문하게 된다. 시대적으로 광장을 호명하고, 광장에서 국민들이 헌법 1조 "대한민국은 민주공화국이다. 대한민국의 주권은 국민에게 있고, 모든 권력은 국민으로부터 나온다"라고 당연한 주장을 다시 노래하는 것은 절차적·형식적 민주주의를 넘어 실질적·내용적 민주주의를 요구한다고 생각한다.

2022년 8월 7일
전농동 시립대 연구실에서
강병호

목차

제1장

서사

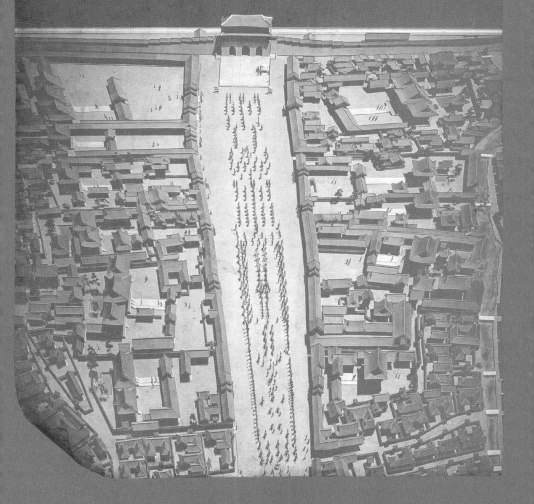

1.
도심재창조공약

　2006년 7월 오세훈 시장이 34대 서울시장으로 취임한다. 서울시장을 다투는 여야 모든 후보들은 시민들에게 다양한 약속을 하는데 당선되면 추진할 정책과 사업들을 각 당의 정강정책이나 후보자 개인의 철학을 담아 개발한 내용을 제시하는 것이다. 오 시장은 여러 공약 중에 서울 도심을 재창조하겠다고 하면서, 기왕에 청계천이 서울 도심을 서에서 동으로 가로질러 복원되어 도심활성화의 축을 만들었으니 이를 활용하기로 한다. 4대문 안 도심을 서에서 동으로 복원된 청계천을 한 축으로 하고 남북으로 4개의 축을 그려 전체를 개발하면 동·서·남·북, 위아래가 고루 활성화되면서 도심이 재창조될 수 있다는 취지를 취임사에서 밝힌다.

　"강북도심부활 프로젝트는 문화와 경제, 그리고 환경이 서로 융합된 하나의 도시생태계를 만드는 사업입니다. … 청계천 복원을 통해 서울의 모습이 달라지기 시작했습니다. … 하루 13만 명의 관광객이 달라진 서울을 보러 오고, 매년 6백만 명의 외국인 관광객이 다녀갑니다. 여기에 인사동에서 명동까지 관광객의 발걸음이 이어지고 광화문에서 남대문까지, 종묘에서 세운

상가를 지나 남산까지, 그리고 국립극장에서 동대문까지 연결하는 세로축이 만들어진다면 강북의 도심이 다시 활력을 찾을 수 있습니다."

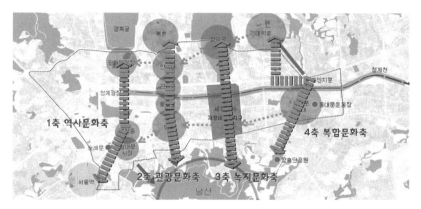

그림 1 서울특별시, 도심재창조 4대 축

서울시는 이 사업을 추진하기 위하여 조직을 개편한다. 이명박 시장 때 시작한 뉴타운사업본부를 개편하여 균형발전본부로 변경한다. 균형발전본부에 도심활성화기획단과 뉴타운사업단으로 국장급 직제를 꾸민다. 도심활성화기획단에는 도심활성화 총괄반, 도심활성화 1반·2반으로 3개의 과 단위 조직이 이 사업을 전담하게 된다. 필자는 도심활성화 총괄반장에 임명되는데 맡은 업무는 서울역, 남대문, 광화문으로 이어지는 1축 사업과, 명동에서 인사동으로 이어지는 2축의 활성화 사업이었다. 선거공약이 남북의 4개 축으로 도심을 활성화한다는 내용이고 세부적인 사업은 미정인 상태였다.

조직이 꾸려지고 이제는 사업을 발굴해야 할 차례였다. 직원들은 새로운 사업을 맡게 되어 신도 나고 의욕도 넘쳤다. 많은 아이디어 회의와 자료조사를 거쳐 1축 활성화 사업으로 광장 조성이 부상하였다. 처음에는 콘셉트 정도의 아이디어로 위에 보고하는 과정에서 광장 조성이 그전에도 여러 번 제기된 적이 있었는데 채택되지 않은 배경과 원인을 찾게 된다.

1990년부터 2009년까지 20년 공기로 추진되던 정부의 '경복궁 복원사업' 5단계 사업에는 광화문 앞의 광장 조성을 비롯한 주변의 복원이 포함되어 있었고, 서울시정개발연구원은 이에 맞추어 1994년에 '서울상징거리 조성계획'하에 세종로를 광장으로 조성하는 안을 발표한다.[1] 이외에도 '국가중심가로 조성계획'(서울시, 1995년), 세종로 중앙분리대 확장 조망 광장 조성을 내용으로 하는 '시범조망가로 기본계획'(서울시, 1999년), 중앙에 광장을 만들자는 '경복궁 광화문권역 문화재 환경정비'(문화재청, 2002년), 세종로 양측으로 광장을 만들자는 '시민광장 조성계획'(서울시, 2003년), 세종문화회관 측 편측으로 광장을 만들자는 '광화문 역사광장 조성 기본방향 수립'(문화재청, 2005년) 등 다양한 조성계획이 제시되었지만 실현되지 않았다. 이유가 무엇일까?

절대적 권위주의 박정희 정권이 무너지고 1987년 6월 항쟁을 통한 민주화 쟁취는 사회 각 방면에 다양한 변화를 초래한다. 정치적으로 평화적 정권교체의 제도적 틀이 도입되고 풀뿌리 민주주의의 지방자치제도 부활한다. 1991년에 지방의회 의원을 선출하고 1995년부터 지방자치단체장

---

1) 하상복, 2010,《광화문과 정치권력》, 서강대학교 출판부, p 291.

이 직선되기 시작한다. 상징거리, 상징광장 조성이 본격적인 사회적·정책적 이슈로 등장하는 시점이 지방자치가 본격 부활하는 1990년대라는 것과 어떤 연관성이 있는 것인가?

지방자치는 시민이 주인이 되어 자기결정권을 행사할 수 있는 제도이다. 왕조시대, 권위주의 시대에는 왕과 신하, 독재자와 추종자들이 자의적이고 비민주적으로 도시를 기획·설계·조성·관리하게 된다. 조선왕조시대 광화문 앞 육조거리나 박정희 정권 때 16차로 광로로 만들어진 세종대로 공간이 대표적 예이다. 조선시대의 육조거리가 유교의 민본주의 실천 공간으로서 모습도 간간이 보이지만 대체적으로는 왕의 절대적 권위를 내보이는 군·신공치제의 공간배치와 정치적·군사적 의례장소로 활용된다. 현대사에 박정희 정권은 '콘크리트 공화국'으로 이름 불러도 틀리지 않을 정도로 많은 건축물, 구조물을 철근과 콘크리트로 세종대로 일대에 만든다. 1968년에 복원된 광화문, 김현옥 시장의 청계고가와 청계천로, 16차로 광로의 세종대로, 세종문화회관, 정부종합청사, 문화체육관광부와 미 대사관 등 현대식 시설과 건물을 통해 근대화와 경제성장의 치적을 국민들의 뇌리에 각인시켜 지배관계의 영구화를 꾀한다.

하지만 1995년 초대 민선시장이 뽑히면서 과거 임명권자인 대통령의 눈치만 신경 쓰던 시장들의 행태가 드라마틱하게 변한다. 대표적인 도시 공간이 5.16광장에 대한 입장 변화이다. 조성 당시만 해도 대통령이 임명하는 서울시장은 청와대의 입장만 신속하고 효율적으로 대변하는 데 급급했다. 광장의 명칭·규모·형태·조성 기간 등 모든 것이 박정희 대통령의 의견이 반영된 것이지 광장 공간의 주인인 서울시민의 의견은 애초에 고려 대상이 안 되었다. 지방자치가 실시되면서 서울시장의 선출 방식이 임명제에서 직선제로 바뀌면서 입장이 바뀌게 된다. 1995년 서울시민에 의해 직접 선출된 조순시장은 권위주의·군사주의의 상징인 5.16광장을 여의도공원으로 바꿔 버린다. 도심 공간의 시민 자기결정권의 표현인 지방자치제가 출범을 알리는 장면이다. 1990년부터 세종로 일대의 공간의 형태와 활용에 대해 상징거리나 상징광장과 같은 다양한 아이디어가 나오는 것도 지방자치제의 부활이 배경이 되었을 것이다. 시민이 주인이 되어 대리인인 시장과 의원들로 하여금 시민 입장에서 도심 공간을 기획·설계·조성·관리하도록 요구하게 된 것이다.

시대의 지배 이데올로기가 민주주의와 지방자치제로 바뀌면서 도심 관리의 패러다임도 이를 실천할 수 있는 방향으로 변화되어야 하였다. 20세기의 개발주의적 가치관을 넘어서기 위해서는 효율보다는 형평, 개발보다는 환경보전, 자동차보다는 인간을 중시하는 도시 관리 패러다임으로의 전환이 필요해진 것이다.

도심공간을 권력자와 자본가가 중심이 되어 배타적 이용의 대상이 아니라 모든 시민이 향유할 수 있는 공적 공간으로 조성되고 관리될 때 보행자 중심, 인간 중심 도심 관리 패러다임이 실천될 수 있는 것이다. 도심 공간의 주인인 시민이 자신의 필요와 욕구를 위하여 공간을 활용하는 '전유(專有)'가 공간적으로 실천된다.

1990년부터 광장이 조성되기 시작한 2004년까지는 민주주의와 지방자치제의 정신을 구현하는 도심 관리 패러다임의 변화가 진행되면서 숙성되던 시기로 볼 수 있다. 자동차보다 인간을 중시하는 인도주의 정신은 광화문광장 조성에서도 핵심적 가치가 된다.

2.

교통과 은행나무

당시 광장 조성의 구체적 실천에서 가장 큰 걸림돌은 차로 축소에 따른 교통체증·혼잡, 29그루의 은행나무 처리문제, 조선왕조의 도시설계의 방향인 역사 축의 복원 여부였다.

당시만 해도 광화문 앞은 왕복 16차로의 우리나라에서 가장 넓은 광로가 서울의 최고 중심 자리에서 교통처리를 하고 있었다. 그리고 도로 중앙에 중앙분리대에는 이순신 장군 동상 뒤쪽으로 아름드리 은행나무 29그루가 지키고 있었다. 광장을 만들기 위해서는 어떤 형태로든 도로를 축소하고 차선의 형태를 변경하여야 하는데 교통혼잡은 피할 수 없는 문제였다. 은행나무 또한 몇십 년의 수령으로 대한민국 수도의 상징적 풍경으로 자리 잡고 있었다. 당시만 해도 은행나무를 이식할 경우 살지 못한다는 주장이 우세한 시기였다.

먼저 교통문제는 1960년대부터 1970년대로 이어지는 개발지상주의, 경제성장주의 시대에는 사람과 물자의 신속하고 편리한 운송이 우선이었다. 자동차가 사람보다 우선인 상황에서 도로와 주차장 등 교통인프라 확대와 원활한 교통처리가 중시되었다. 하지만 변화의 물꼬가 청계천에서 터진다. 청계천이 복개되어 도로와 주차장, 그리고 조업공간으로 쓰이던 곳을 뜯어내고 복원하는 공사가 시작되면서 교통처리를 새롭게 할 수밖에 없었다. 그 과정에서 교통혼잡, 교통지옥을 걱정하는 소리가 곳곳에서 나왔다. 우여곡절을 겪으면서 청계천은 복원되고 도로는 좁아진다. 버스 중앙차로제를 시 주요 도로에 도입하면서 교통처리체제 자체를 개선하는 한편 옛날에 다니던 차량들을 우회 처리하고 주변 노점상과 상권을 재배치하면서 불편하리라던 교통흐름이 예상보다 좋아지는 것을 시민들이 보게 된다. 더 좋은 것은 항상 교통체증으로 막혀 있던 청계고가와 그 아래 지역이 바뀌기 시작한 것이다. 매연, 소음, 지저분함, 칙칙함, 위험한 이미지로 각인되던 청계천로와 청계고가 일대가 물이 흐르고 물고기가 거슬러 오르면서 백로까지 오는 새로운 도시 어메니티가 등장한 것이다. 시민들은 자동차 중심의 도시 관리에서 보행자, 사람 중심의 새로운 도시 관리가 가져다주는 혜택을 몸으로 직접 느끼게 된다.

당시 전 세계적으로 도시 관리의 패러다임이 변한다. 물론 선진국 중심의 이야기지만 개발지상주의에서 효율성이라는 가치 중시는 엄청난 환경훼손을 초래하고 자동차 중심의 도시 관리는 인간을 소외시키게 된다. 개발연대가 무시해 온 인간의 '삶의 질'이 주요한 사회적 이슈로 부각되기 시작하면서 파괴된 생태계와 환경을 복원하고 성장과 조화를 모색하는 '지속 가능성'이 새로운 패러다임으로 등장한 것이다. 청계천 복원 당시에 서울시는 되살린 자연과 도심의 환경자원으로 발전을 도모하는 지속 가능한 발전을 추구하고 청계천 복원사업과 함께 도심에 시민광장을 조성하고 4대문 안 문화관광벨트를 조성하는 것을 계획한다.[2]

이러한 인간 중심, 보행자 중심의 도시 관리 패러다임을 실천하는 사업이 '도심재창조 프로젝트'이고 광화문광장은 이 프로젝트의 주요 사업 중의 하나가 된다.

교통문제, 구체적으로 도로운영에 대한 심의·의결은 서울지방경찰청 소관인데 2006년 9월부터 서울특별시와 서울경찰청과의 교통협의 과정은 설계, 교통처리의 세부적인 안에 이르기까지 포함하여 진행된다. 당시 경찰 측은 차로가 축소되면 대규모 교통혼잡이 발생될 것이며 시민불편, 시위와 요인경호 문제로 서울시와 의견 차이를 보이고 있었다. 하지만 이미 도심 관리의 패러다임이 자동차에서 보행자, 사람 중심으로 변화되고 있었다. 더욱 다행인 것은 청계천 복원 시 차로축소에 따른 문제점이 극복된 경험적 사실과 그 복원 전 과정을 기획·모니터링·대안제시하였던 시장이 대통령이 되어 있었다는 것이다. 청와대의 협조지시로 2008년 4월 22일 교통규제심의를 마침내 완료하고 공사에 착수하면서 광장 조성의 첫째 걸림돌인 교통문제는 해결된다.[3]

두 번째 남은 문제는 29그루의 은행나무를 이식하는 것이었다. 당시만 해도 은행나무는 특성상 이식 시 고사율이 높다는 우려가 있었다. 조경 전

---

2) 서울특별시, 2006, 《청계천 복원사업백서》, p 64.
3) 서울특별시, 2011, 《광화문광장백서》, p 27.

문가들은 1년 정도 미리 준비하여 이식한다면 수형을 크게 다치지 않고 생존할 수 있다고 자문한다. 자문과 더불어 자료조사를 하는 중에 댐 건설 등으로 수몰된 지역에 있는 오래된 은행나무 이식이 문제없이 진행되었다는 사례를 확인하게 된다. 조경기술이 지속적으로 발달되어 이렇게 크고 오래된 나무들이 새로운 환경으로 옮겨 심어도 살 수 있다는 것이다.

은행나무 이식에 대한 생존 가능성은 기술적으로 확인하였는데, 시민들의 광화문 네거리 은행나무에 대한 애정이 걸림돌로 남아 있었다. 가을만 되면 수천·수만 마리의 노랑나비 은행잎이 바람에 흩뿌리는 광화문 일대의 풍경은 사진 속에서뿐만 아니라 사람들의 기억 속에서도 가득하였다. 사람들의 기억은 참 휘발성이 강한 것일까, 최근에 필자가 학교 강의나 기회가 있어 광화문 중앙의 은행나무에 대한 기억을 물어보면 대부분 모르거나 가물가물하다고 답변한다.

역사는 신이 우연을 가장하고 진행시키는 연극일지도 모른다. 어느 날 시민들의 은행나무 이식에 대한 반대를 처리할 방법을 고민하는데 한 권의 책을 보게 된다. 《세종로 이야기》, 세종로의 은행나무는 일제가 우리나라 수도 서울의 국맥을 누르기 위하여 심었다는 내용이 있었다. 은행나무가 동경도의 도목(道木)이고, 천년을 사는 살아 있는 화석이므로 천년만년 우리나라를 지배하겠다는 그들의 흉악한 야욕이라는 것이다. 이러한 주장이 정사에 근거하지 않는 야사에 나오는 내용이므로 신빙성이 없다고 외면되었다. 정사와 야사의 구분 기준을 어느 것으로 하더라고 상대적일 것이다. 필자가 이 글을 쓰는 이유 중에 하나도 당시 담당 과장이 직접 겪은 내용임에도 불구하고 글로 남아 있거나 문서화되어 있지 않으므로 역사적 신빙성에 대하여 이의를 제기하면 난감해진다. 같이 참여했던 직원들의 사실 확인 외에는 증거할 수 있는 방법이 없는 것이다.

어느 날 일제가 심었다는 것을 자료로 증명할 방법을 고민하다 직원에게 옛날 일제강점기 광화문 일대 사진을 찾아보자고 하였다. 조선시대 광화문 앞 육조거리는 어떤 나무도 없는 황토 공간이었다는 것은 사진에서 쉽게 확인이 된다. 직원이 희색이 만연한 얼굴로 사진 한 장을 가지고 온다. 아 찾았구나, 직감적으로 쾌재를 불렀다. 가져온 사진에는 광화문 앞 세종로 거리에 조그마한 은행나무가 심어져 있는 게 보였다. 일제강점기는 확실하나 정확한 연도는 확인할 수 없었다. 더 깊이 있는 조사를 안 해도 일제강점기 때 심어졌다는 것은 분명한 사실이었다. 일제의 의도가 풍수적인 압승법으로 우리나라의 국맥을 누르기 위한 것인지는 몰라도 그들이 심었다는 사실은 은행나무에 대한 시민들의 정서를 부분적으로 바꿀 수 있었는지도 모른다.

또한 국립산림과학원에서 광화문 앞 은행나무에 대한 수령조사를 했는데, 2004년 기준으로 수령이 70년 이상 된 나무가 18목에 이른다는 사실을 역산하면 1934년 이전에 식재작업이 시작하였음을 알 수 있다. 1930년 조선총독부 부감이라는 다음 사진을 보면 광화문통에 나무가 없으므로 은행나무의 수령과 이 사진 제작연도를 참고하면 1931년에서 1934년 사이 식재된 것으로 추정된다.

그림 2 서울역사박물관, 조선총독부부감, 1930년

그림 3 서울역사박물관, 해방 이후 옛 조선총독부 앞 작은 은행나무

은행나무 이식에 대한 시민 여론조사를 했는데 72% 이상이 찬성한다. 당시 이식한 나무들은 열린 시민마당 앞 보도에 15주, 정부종합청사 앞 보도에 14주가 옮겨져 잘 자라고 있다.[4]

　교통·협의도 해결되고, 은행나무 이식도 문제없다는 것이 확인되면서 남은 문제는 광장의 형태와 관련된 조선왕조의 경복궁 조성 축의 광장에서의 공간적 복원 여부였다.

---

4)　서울특별시, 2011, 《광화문광장백서》, p 40.

3.
휘어진 육조거리의 축

2006년 어느 날 유홍준 문화재청장과 필자를 포함한 서울시 관계자들은 경복궁 뒷산을 오른다. 광화문광장 조성에 대한 자문을 구하기 위하여 문화재청을 방문하였을 때 그가 북악산을 오르기를 제안한다. 서울시가 광장을 만들고자 한다면 경복궁의 배치의 형태와 역사를 보아야 한다는 뜻이었다. 나지막한 북악산을 올라 정상에 오르자 경복궁을 비롯한 세종로 일대가 환히 트이면서 드러난다. 유 청장은 우리에게 경복궁 안에 위치한 전각들의 방향을 바라보라고 한다. 북악산 위에서 바라다보이는 전각들은 하나같이 남쪽 관악산으로 가지런히 향하고 있었다. 유일하게 당시 복원 준비 중인 광화문만 남산 쪽으로 어긋나게 서 있는 것이었다. 광화문광장을 조성한다면 과거 조선 개국 시의 수도이전과 궁궐 조성, 그리고 배치의 경과와 철학을 참고하여야 한다는 제안으로 받아들였다. 직접적으로 과거의 궁궐의 배치와 향을 고려한다면 세종문화회관 쪽으로 붙여서 광장을 만드는 것이 어떻겠냐는 제안도 곁들였던 기억이 난다. 편측 광장안인데 결국 2022년 새롭게 재탄생하는 광장의 배경이 된다.

그림 4 서울특별시, 2005년, 경복궁은 서측으로 광화문과 세종대로는 다른 방향으로 위치, 중앙에는 은행나무가 보인다.

이씨 조선을 건국한 태조 이성계는 역성혁명의 과정에서 반대파를 제거한다. 고려의 수도인 개경은 왕족과 귀족 계급들이 몇백 년간에 걸친 통치기반을 닦아 온 곳이다. 왕건은 허약한 왕권을 강화하기 위하여 호족들과의 통혼 정책을 실시하고 부인 몇에 많은 자식을 두었다. 상상해 보라. 호족 가족·친지·귀족들의 숫자와 그들에게 주어진 토지가 개경과 그 주변에 산재해 있다. 위화도 회군 후에 최영 장군과 이성계에 반대하는 온건 개혁파까지 피비린내 나는 숙청으로 없앤 곳이 개경과 그 일대이다. 아직 고려에 대한 충절파들은 이성계를 마음으로 받아들이지 않고 개경 일대에서 숨죽인 채 호시탐탐 기회를 엿보고 있었다.

왕조교체의 정당성을 인정받고 싶은 이성계에게 개경 '지기쇠왕설(地氣衰旺說)'은 어쩌면 울고 싶은데 뺨 때려 준 것일지도 모른다. 고려는 태조 왕건부터 풍수사상과 불교가 국가통치의 이념적 기초로 위로는 왕과 귀족, 아래로는 일반 국민들까지 광범위하게 받아들여지고 있었다. 불교의 승려들은 풍수사상과 지식이 상당했던 것은 우리나라의 풍수사상의 효시를 고려 도선국사에서 찾고, 한국 풍수의 특징을 도선의 비보풍수에서 연원을 찾는 것에서도 확인할 수 있다. 고려뿐만 아니라 조선의 개국 과정에서 수도이전을 위한 명분으로 지기쇠왕설도 풍수사상에서 나온다.

태조 이성계는 1392년 7월 17일 개경 수창궁에서 즉위하고 국호를 조선이라고 정한다. 즉위년 8월 13일에 한양으로 천도할 것을 도평의사사에게 명한다. 처음에 새 도읍의 후보지로는 계룡산이 결정되고 공사가 진행되다가 태조 2년에 하륜의 계룡산 불가론으로 취소된다. 그는 계룡산이

지나치게 남쪽으로 치우쳐 있고, 호순신의 '지리신법'이라는 풍수이론에 의하면 계룡산은 패망이나 쇠약화를 초래하는 이른바 '수파장생 쇠패립지(水破長生 衰敗立至)'의 땅이므로 불가하다고 주장한다. 태조는 하륜의 주장을 수용하고 풍수 관련 책들을 연구하여 신도읍지를 선정하도록 명한다. 하륜은 한양 무악 서남방의 신촌동 연희동 일대를 신도읍 후보지로 추천한다. 이에 대하여 정도전, 성석린, 정총, 이직 등 대부분이 터가 좁다고 반대한다. 무악 터에 대하여 신하들이 부정적인 의견을 제시하자 태조는 개경으로 귀경하는 길에 고려 남경의 옛 궁궐터를 살핀다. 왕사 자초에게 물어보니 도읍으로 정할 만하다고 말한다. 한양은 풍수상 산수경관의 적합성, 수도의 국가 중심위치, 토지의 규모, 조운의 편리성, 도로의 평탄함, 방어상의 이점 등을 고려하여 1394년 8월 24일 한양이 수도로 결정된다.[5]

이성계의 국사인 무학대사[6]도 풍수에 밝았던 것은 수도이전의 후보지

---

5) 서울특별시, 2011,《광화문광장백서》, p 27.
6) 태조 이성계의 무학대사에 대한 신임의 인연을 알려주는 일화가 있다. 이성계가 젊었을 때 함경도 안변에 있는 석왕사 자리에 조그만 암자에서 자게 된다. 그날 꿈에서 이성계는 쓰러져 가는 집에서 서까래 3개를 짊어지고 나왔는데 꽃이 떨어지고, 거울이 깨진다. 그 암자에 해몽을 잘하는 도승이 있다는 얘기를 듣고 해몽을 부탁한다. 등에 서까래 3개를 짊어진 것은 한자로 왕(王) 자의 모양을 상징하고, 꽃이 떨어지니 열매가 맺을 것이며 거울이 깨어졌으니 소리가 나게 된다고 하면서 조만간 임금이 되실 길몽이라고 아뢴다. 기분이 좋아진 이성계에게 이 스님은 자신의 법명이 무학이라고 밝히면서 혹시 임금이 되시면 나중에 그곳에 절 하나를 지어서 천세(千歲)를 축원하는 원당을 삼게 해 달라고 부탁한다. 약속을 한 이성계는 왕위에 오르고 나서 큰 절을 지어서 이름을 釋王寺, 해석할 석과 임금 왕 자로 지었다고 한다.

를 찾아 이성계가 돌아다닐 때, 풍수사와 무학대사가 함께 다녔고 무학의 의견을 구하는 장면에서도 쉽게 볼 수 있다. 조선왕조실록에는 태조가 한양을 수도 후보지로서 친히 답사하는 데 동행하여 의견을 제시하는 장면이 나온다. "사면이 높고 수려하며 중앙이 평평하니 성을 쌓아 도읍을 정할 만합니다."고 말한다. 한양이 최고의 수도이전 입지라는 데에는 모두가 동의한다. 넓고 긴 한강은 식량이자 각종 물자를 실어 나르는 조운에 있어 훌륭한 조건을 갖추었고, 사방이 높은 산들로 둘러싸여 전쟁 시 방어에도 유리하였다. 풍수에서 명당의 기본조건인 배산임수가 갖추어져 있었던 셈이다. 뿐만 아니라 구체제의 상징과 같은 개경이 기가 쇠하여 새로운 왕조의 수도로서는 맞는 않는다는 풍수상 '지기쇠왕설'은 수도이전의 명분으로 안성맞춤이었다. 한양으로의 수도이전이 결정되고 남은 일은 한양을 설계하고 궁궐과 종묘, 사직의 위치와 방향 등을 결정하는 일이었다.

한양의 주산, 정축을 무엇으로 해야 할지에 대해서는 정도전과 무학대사의 논쟁이 유명하다. 차천로의 《오산설림(五山說林)》에는 "무학이 한양의 세(勢)를 보며 인왕산으로 진산을 삼고 백악과 남산으로 좌우의 청룡 백호를 삼으라고 하니, 정도전이 '자고로 제왕은 남면(南面)하여 다스리는 것이지 동향을 한다는 말은 듣지 못했다' 하며 난색을 표했다. 이에 무학은 '내 말을 따르지 않으면 200년이 지나 내 말을 생각하리라' 하였다. 산수비기(山水祕記)에 의하면 '도읍을 택할 때 승려의 말을 들으면 점차 연존(延存)의 바람이 있을 것이지만, 정씨 성을 가진 사람이 시비를 하면 150년이 지나기 전에 찬탈(簒奪)의 화가 일어날 것이오, 겨우 200년 내외에 판탕(板蕩)의 난(亂)함에 이를 것이니 잘 생각하라고' 나와 있다. 산수비기는 신라승 의상대사(義湘大師)가 지은 것으로 800년 후의 일을 맞추었으니 어찌 성승(聖僧)이라 하지 않을 수 있겠는가. 비기에서 소위 승려란 무학을 이름이오, 정씨 성 가진 사람이란 정도전을 일컬음이다."라는 이야기가 나온다.

무학대사의 인왕주산설은 풍수지리사상에 따라 한양의 내사산 중에서 인왕산을 주산으로 삼고 북악산과 남산(목멱산)을 좌청룡, 우백호로 하여 동향으로 하자는 주장이고, 정도전의 백악(북악) 주산설은 산경도에 나오는 백두산에서 지리산까지 우리 국토의 척추에 해당하는 백두대간에서 한북정맥의 기가 맺히는 북한산(삼각산) 백운대와 남쪽에서 지리산의 기운이 올라와 맺히는 한남정맥의 관악산 연주대의 축 선에 맞춰 도시를 만들어야 한다는 주장을 말한다.

인왕주산설의 또 다른 버전은 정도전을 만난 무학대사가 북악산 밑은 풍수적으로 학(鶴)의 허리에 해당하므로 그곳에 궁궐을 지으면 학이 움직여서 궁궐이 무너진다고 경고하였다 한다. 또 인왕산이 주산이 되면 좌청룡 자리인 백악산이, 즉 장자가 튼튼하기 때문에 장자상속이 가능한데, 백악산이 주산이 되면 좌청룡에 해당하는 동쪽의 낙산이 빈약하므로 지자(支子)가 득세한다고 주장한다. 사실상 조선왕조 오백 년 동안에 역대 왕위를 장남이 계승하지 못하고 왕자들끼리 왕자쟁탈전을 벌이는 경우가 많았다.[7] 태조 이방원을 비롯하여 조카 단종을 귀양 보내고 왕위에 오른 세조 등이 대표적 인물이다.

Gate Koka, Keifuku-kyu, Keijo.　　門化光 宮福景 城京 （所名群朝）

그림 5 서울역사박물관, 광화문과 육조거리

이성계는 이씨 조선왕조를 세우는 데 결정적 역할을 한 신흥사대부를 무시할 수 없었고 또한 새로운 왕조의 통치이념으로서 고려의 불교나 풍수를 그대로 가져오는 게 맞지 않다고 판단하였을 것이다. 결국 정도전의 유교와 신흥 사대부 세력을 새로운 지배이념과 세력으로 인정하면서 경복궁의 배위는 북악주산설에 따라 위치를 잡고 궁궐을 설계하게 된다. 이 중환의 택리지에도 무학이 한양의 도읍터는 풍수지리로 정하고, 궁궐의 설계는 유교에 따라 정하였다고 나온다.

---

7)　박경룡, 2003, 《서울을 알고, 역사를 알고》, p 20.

백악주산설을 따름에 의해 조선조 한양의 정축이 서북쪽에 치우치는 형상이 된다. 한양의 중앙에 위치해서 정궁인 경복궁이 설계되지 않고 백악산 밑자락에 자리 잡는다. 중국처럼 정확한 좌우대칭으로 궁궐을 설계하지 않고 자연지형에 따라 비대칭으로 앉히는 것은 고려 때부터 이어져온다. 평야지대에 도읍을 정하지 않고 배산임수를 고려하다 보니 나오는 결과일 듯하다. 한양의 설계 시에 주례 고궁기를 참고하여 '좌묘우사(左廟右社), 전조후시(前朝後市)'를 반영하려 하지만 경복궁 뒤편으로 시장을 개설할 공간이 없어서 관청이 있는 육조거리와 직각으로 만나는 종로통에 시장을 만든다.

백악을 주산으로 하는 경복궁의 배치와 한양의 중심축 설정은 세종 때에 다시 큰 논란을 불러일으킨다. 풍수학자 최양선은 지금의 종로구 계동 일대의 외교문서를 다루던 승문원이 명당이라고 주장한다. 이 논쟁은 주산인 삼각산의 줄기산맥이 어디에서 명당을 만드는지에 대한 이견으로 초래된다. 보현봉으로 내려와 백악으로 혈이 형성되었는지 여부인데 최양선은 승문원 쪽이 명당이라는 것이다. 세종의 지시에 따라 영의정 황희 등으로 하여금 보현봉, 백악, 남산을 현장 답사하고 보고서를 제출한다. 법궁의 축선이 삼각산과 관악산을 잇는 것이 잘못되었고 안산인 남산을 지향하여야 한다는 최양선의 주장에 대하여 최종 보고서는 풍수지리적으로 백악이 경복궁의 주산이라고 결론을 내린다.[8] 한양의 내사산을 기준으로 보면 경복궁이 한쪽으로 치우쳐 있지만, 외사산(북한산, 덕양산, 관

---

8) 김현욱, 2007, 《조선시대 한양의 입지논쟁》, p 27-42.

악산, 용마산)을 기준으로 보면 거의 한가운데 위치한다.

정도전은 한양의 도성을 설계하면서 큰 화재가 날 것이라는 무학의 경고를 무시할 수 없었던지 관악산의 화기를 막기 위한 여러 가지 장치를 마련한다. 먼저 남대문 앞에 지금 YTN 사옥 근처에 남지라는 연못을 팠다. 남대문의 현판이 한자로 숭례문인데, 한자 '례(禮)'는 오행상 화에 해당하고 현판을 세로로 세워 달아 불의 형상을 만들었다고 한다. 길을 만들면서도 남대문에서 경복궁까지 직선으로 도로를 계획하지 않고, 지금 한국은행 쪽으로 해서 종로 보신각에서 왼쪽으로 꺾어지는 한자로 '정(丁)' 자형 길을 만들게 된다.

경복궁은 북악산을 뒤로하고 멀리 남쪽의 관악산을 바라보는 축선에 전각과 문을 일렬로 앉히게 조성된다. 반면 세종대왕 시대 육조거리의 형태는 약간 특이한 모습을 보인다. 육조거리가 쭉 반듯하지 않고 광화문 앞의 130m는 정도전이 만든 축선에 따라 관악산 방향으로 두고, 나머지 370m 구간은 황토현을 바라보도록 해 꺾어지게 만든 것이다. 관악산의 화기를 막기 위한 것이자 도로 폭을 좁혀 불길을 막도록 한 것이다.[9] 황토현도 흙을 돋아 쌓아 불길을 막도록 의도한 것과 같은 의도이다.

9) 서울특별시, 2011, 《광화문광장백서》, p 10.

그림 6 서울역사박물관, 조선시대 육조거리 모형사진

이와 같은 조선왕조의 수도이전과 한양설계, 그리고 경복궁의 방향을 참
고하여 역사 복원 차원에서 세종문화회관 측의 편측 광장 제안을 유홍준
전 문화재청장이 하였으나 서울시가 일방적으로 결정할 일은 아니었다.

광장의 형태를 결정하는 것은 시민들의 공감대가 확산되고 폭넓은 의
견수렴으로 결정되어야 할 민주주의와 지방자치제 정신의 실천이어야 하
였다. 서울시는 2006년 9월 27일부터 65일간 대 시민 홍보 및 여론조사,
정책토론방 운영, 시민토론회, 도심재창조시민위원회 자문, 서울시 지명
위원회 자문 등을 거쳐 광장 조성 방향을 결정한다. 광화문광장을 '시민들
과 함께' '시민들에 의해 조성'한 것이다.[10]

표 1 서울특별시, 《광화문광장백서》

여론수렴수단 / 대상		표본수 인	제1안 (양측 배치안)	제2안 (중앙 배치안)	제3안 (편측 배치안)	비고
평균			25.9%	44.4%	29.7%	
여론조사 전문기관	일반 시민	1,001	35.8%	45.6%	18.6%	
	외국인	302	36.8%	41.7%	21.5%	
홈페이지	인터넷 여론조사	5,579	27.2%	47.7%	25.1%	
	정책토론방	138건	13.3%	32.4%	54.3%	
설문조사 (자체)	학생	180	17.3%	63.1%	19.6%	초, 중, 고 각 60명
	시민단체	69	31.3%	26.9%	41.8%	
	전문 학회	49	27.1%	39.6%	33.3%	
이벤트	안내간판	5,148	18.4%	58.0%	23.6%	스티커부착

---

10) 서울특별시, 2011, 《광화문광장백서》, p 21.

광장 배치안 조감도	
중앙 배치안	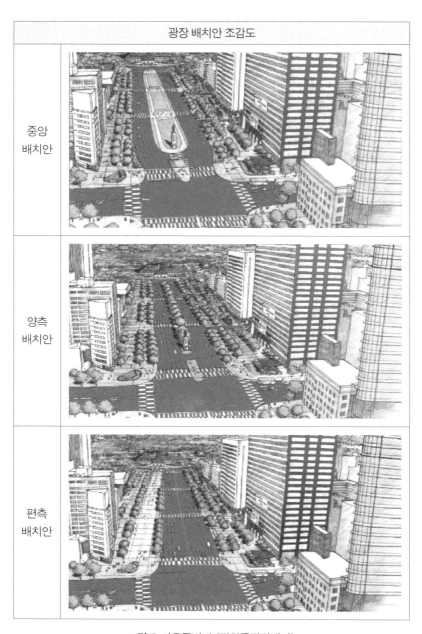
양측 배치안	
편측 배치안	

그림 7 서울특별시《광화문광장백서》

각종 여론조사 결과를 보면 중앙 배치안에 대한 선호도가 평균 44.4%로 가장 높고, 도심재창조 시민위원회에서도 중앙 배치안을 추천하였으므로 최종안으로 확정하는데, 당시 제시된 주요 의견은 도로를 지하화하거나 우회로를 활용한 전면광장화가 바람직하다는 것이다.[11]

2006년 12월 27일 '광화문광장 조성 사업 관련 기자설명회'에서 오세훈 시장은 중앙으로 배치하기로 한 광장 사업의 의미를 밝힌다.

"세종로 일대는 북악산과 조선 정궁인 경복궁, 광화문 전면의 육조거리가 있는 역사적 상징성을 갖는 곳이자 2002년 월드컵의 함성과 광복 60주년의 감격이 울려 퍼졌던 뜻깊은 공간입니다. 그런데도 그동안 세종로는 수많은 차량들에 그 자리를 내준 채, 제 기능과 역할을 못 했습니다. 이제 서울시는 역사문화의 중심축으로서의 세종로의 역사성을 회복하고 천만 서울 시민 고객들과 서울을 찾는 관광객들이 숭례문에서 청계천, 세종로로 이어지는 거리를 편안하게 보행하여 역사 유적과 도심 속 자연경관을 즐길 수 있도록 광화문광장을 조성하고자 합니다."

---

11) 서울특별시, 2011.《광화문광장백서》, p 21-23.

제2장

이데올로기

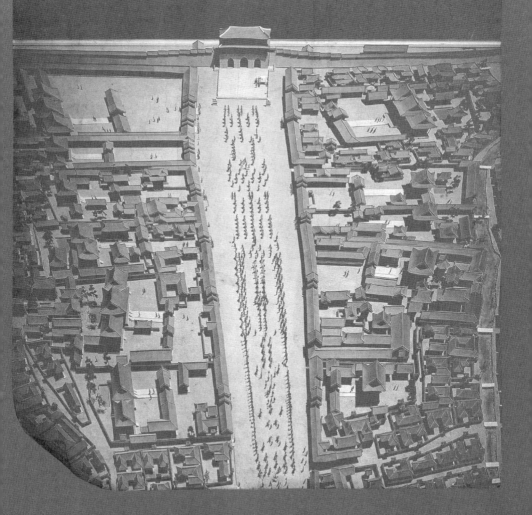

1.
최인훈의《광장》

광장과 이데올로기에 대하여 문학적으로 접근하여 우리 사회에 많은 울림을 준 작품이 1960년에 발간된 최인훈의《광장》이다. 여기서 광장은 밀실에 대응하는 외부세계, 외부의 공간, 개인과 조응하는 사회, 공동체를 상징한다. 주인공 이명준은 월북한 공산주의자 아버지를 둔 남한에 남아 있는 돈도 명예도 없는 철학과 학생이다. 아버지 때문에 경찰의 사찰과 취조 대상이 되면서 남한 사회에 대한 실망과 번민이 시작된다. 마침내 인천에서 밀수선을 타고 때 묻지 않다고(본인이 생각한) 새로운 광장 이북으로 간다. 욕망과 권세욕과 섹스만이 넘치는 남한에서 보람 있게 살수 있는 광장을 못 찾고 북으로 넘어왔지만, 그쪽 광장도 혁명의 열기가 인민낙원을 만드는 곳이 아니라 숨 막히는 공산주의의 옷을 입은 교조주의가 판치는 곳이었다. 개인이 사라지고 오직 '당'만이 목소리를 내는 광장과 맞닥뜨리면서 또다시 절망한다. 남한의 윤애에게 도피하였듯이 은혜라는 국립극장 발레리나에게로 사랑이란 이름으로 매달린다. 한국전참전과 은혜와의 재회와 임신한 채 전사한 그녀, 거제 포로수용소에 수용, 남도 아니고 북도 아닌 중립국 선택, 엄마·아기 갈매기와의 바다 위에서의 만남과 동굴과 같은 자궁을 통하여 영원히 돌아갈 평온의 어머니, 푸른 광장 바다에 몸을 던진다. 자유주의도 공산주의도 아닌 사랑에서 희망을 본다.

최인훈은 1960년에 초판을 내고 네 번이나 고쳐 썼는데 1961년판 서문에 다음 글은 광장과 밀실, 사회와 개인의 관계, 이데올로기에 대하여 은유하는 바가 크다.

"인간은 광장에 나서지 않고는 살지 못한다. … 그러면서도 한편으로 인간은 밀실로 물러서지 않고는 살지 못하는 동물이다. … 사람들이 자기의 밀실로부터 광장으로 나오는 골목은 저마다 다르다. … 그곳에 이르는 길에서 거상(巨像)의 자결을 목도한 사람도 있고 민들레 씨앗의 행방을 쫓으면서 온 사람도 있다. … 어떤 경로로 광장에 이르렀건 그 경로는 문제될 것이 없다. 다만 그 길을 얼마나 열심히 보고 얼마나 열심히 사랑했느냐에 있다. 광장은 대중의 밀실이며 밀실은 개인의 광장이다. 인간을 이 두 가지 공간의 어느 한쪽에 가두어 버릴 때, 그는 살 수 없다. 그럴 때 광장에 폭동의 피가 흐르고 밀실에서 광란의 부르짖음이 새어나온다. 우리는 분수가 터지고 밝은 햇빛 아래 뭇 꽃이 피고 영웅과 신들의 동상으로 치장이 된 광장에서 바다처럼 우람한 합창에 한몫 끼기를 원하며 그와 똑같은 진실로 개인의 일기장과 저녁에 벗어놓은 채 새벽에 잊고 간 애인의 장갑이 얹힌 침대에 걸터앉아서 광장을 잊어버릴 수 있는 시간을 원한다." [12]

---

12) 최인훈, 2020, 《광장/구운몽》, 문학과 지성사, p 18-19.

그의 광장은 이데올로기 입장에서 중립적인 시각에서 그렸다고 평가된다. 과연 광장은 중립적인가? 아니면 특정한 이데올로기를 궁극적으로 지향하는가?

2.

이데올로기

구소련과 동구 사회주의 국가의 해체 이후 이데올로기[13]의 대결은 서구의 자유민주주의의 승리로 끝나면서 Daniel Bell의 《이데올로기의 종언》 책 제목에서 보듯이 이데올로기의 영향력이 사라지는 것으로 유행처럼 생각했다. 하지만 현대사회에서도 신자유주의, 신보수주의 등 이데올로기는 유령처럼 끊임없이 우리 등 뒤에서 모든 것을 조종하고 감독하고 있는지 모른다.

이데올로기(Ideology)는 프랑스말로 ideologi 문자 그대로 해석하면 '새로운 생각의 학문(new science of ideas)'이라는 뜻의 idea-logy에서 유래한다. 우리말로는 이념, 주의, 사고체계로 번역되고 패러다임과도 같이 쓰이기도 한다. 가치체계와 조직문화와의 혼동도 종종 일어나나 구성원들의 행위의 준거가 된다는 공통점이 있다.

---

13) 이데올로기의 개념, 성격, 기능, 발전 등 기본적 내용은 필자의 박사학위논문 "이데올로기와 정책변동과정에 관한 연구(2016)"에서 차용한 것임.

이데올로기의 개념은 다양한데 '특정한 가치를 실현하고자 하는 의식·태도·신념·정서 등 집단적 사고의 틀'로 정의될 수도 있다. 사전적으로는 "한 사회나 개인의 생각을 지배하는 기본 사상"이라고 하는데 종국적으로 인간의 사고와 행동을 매개한다.

이데올로기는 파시즘, 공산주의, 민주주의, 사회주의 등 정치적 의미로 일반적으로 쓰이나 현대에 와서는 반드시 그런 것만은 아니다. 성장제일주의, 복지국가주의, 환경주의, 개발주의, 진보주의, 계몽주의, 합리주의, 자유주의, 보수주의, 경험주의, 권위주의, 집단주의, 개인주의 등 정치를 함의하면서도 어떤 현상을 강조하느냐에 따라 달리 표현된다. 이데올로기의 분류는 어떤 속성을 기준으로 하느냐에 주목해야 한다. 강조점에 따라 스펙트럼의 한쪽 끝에서 반대편 끝까지 상대성에 따라 대조적 가치 쌍으로 배치된다. 인간주의 대 물질주의, 권위주의 대 자유주의, 집단주의 대 개인주의, 민주주의 대 전제주의, 자본주의 대 사회주의, 성장주의 대 환경주의(복지주의)가 그 예이다.

이데올로기는 패러다임으로 표현되거나 혼용되는데 일반적으로는 전자가 보다 거시적이고 전체 사회를 포괄하는 개념으로 인식되고 후자는 특정 영역의 개념으로 받아들여지나 명확한 구분선이 있는 것 같지는 않다.

이데올로기는 한 시대에 여러 가지가 존재하고 그중 특정 이데올로기가 상대적으로 많은 사람들의 지지를 받을 때 지배적이 된다. 고려 때 불교와 풍수, 조선 유교와 풍수, 일제 강점기 동화주의와 문명개조론, 해방 후

반공주의·민족주의·사회주의·자유민주주의와 박정희 정권의 개발주의·민족주의·반공주의와 1987년 민주화 이후 민주주의·환경주의·복지주의·문화주의 등 각 시대별로 주류 이데올로기가 다르게 등장한다.

이데올로기 간에는 상호 적대적이거나 보완적인 관계가 있을 수 있는데 그 관계의 성격은 고정적인 것이 아니고 이데올로기가 변화하면서 유동적이다. 사회민주주의, 민주사회주의가 있고 환경주의와 개발주의가 결합하면서 지속 가능성의 개념이 새로이 형성되는 것이 그 예이다.

이데올로기의 변화는 장기간에 걸쳐 서서히 이루어지며 특정한 사건·사고를 통한 계기를 만나게 되면 급격하게 지배적인 위치로 올라선다. 일제강점기 때 등장한 사회주의가 우리나라의 피지배층의 지배 이데올로기로 부상되다가 한국전쟁을 계기로 남한에서는 자유민주주의에 그 자리를 내준 것이 대표적이다.

이데올로기는 전체 사회를 관통하는 상위 이데올로기부터 정치·경제·사회·문화 등 분야별로 세분화된 하위 이데올로기로 계층제적 구성을 보인다. 유교 이데올로기가 조선시대의 최상위 이데올로기라고 한다면 정치적으로 왕정주의, 중앙집권주의, 권위주의, 민본주의로 표현되고 경제적으로 농경주의, 사농공상으로 나타나며 사회적으로 양반 대 평민의 신분주의, 문화적으로 획일주의 등으로 구분된다.

상위 이데올로기는 기층적·잠재적·장기적·안정적인 성격을 보인다.

표면적·현재적·유동적인 단기적인 여론과 구분하여야 한다.

　이데올로기가 반드시 정치적인 것은 아니지만 특정의 가치를 지향하고 실현하고자 하기 때문에 능동적이고 행동 지향적이라는 의미에서 정치적으로 개념화되는 가능성이 높다. '정치문화'라는 용어가 특정의 가치가 지배적이나 현상적이고 수동적인 상태를 표현하는 것과 대조된다.

　이데올로기는 생각과 행동의 연결을 함축하기 때문에 이데올로기는 근본적인 수준(fundamental level)과 운영적인 수준(operative level)으로 구분된다. 전자는 정치철학적 측면을 의미하므로 기존 사회에 대한 비평과 미래사회에 대한 비전을 제시하고 후자는 정치운동, 정치적 동원, 권력투쟁 측면을 의미하므로 정치변동이론과 전략으로 구성된다.

　혁명에 대한 이데올로기의 정치적 역할과 작동하는 기제에 대한 통찰은 미국의 과학사학자 겸 철학자 토마스 쿤의 《과학혁명의 구조》에서 나타난다. 1962년 출간된 《과학혁명의 구조》에서 패러다임을 "어떤 한 시대를 지배하는 과학적 인식이나, 사고, 관념, 가치관이 결합된 총체적인 틀"이라고 정의하고 어떤 시점에 과학자들의 공동체가 주류의 패러다임을 형성하면 그 틀 내에서 모든 현상을 해석하고 문제를 풀어 나가는 탐구활동을 하는데 이를 '정상과학'이라고 부른다. 코페르니쿠스 → 뉴턴 → 아인슈타인 → 양자역학 등 과학혁명 과정은 기존 패러다임으로 설명 못 하는 변칙사례가 나오고 이 위기를 해결할 수 있는 새로운 대안으로 패러다임 교체가 생기는데 이 과정은 다시 변칙사례 → 위기 → 경쟁 → 과학혁명의 과정을 되풀이한다고 한다.

 정치혁명에 이러한 메카니즘을 적용하면 다음과 같다. 혁명 세력들은 구체제의 통치철학이 새로운 환경에 대한 답을 줄 수 없으므로 새로운 사상을 만들거나 기존의 이데올로기를 변용해서 정치적 목적으로 이용한다. 혁명에 일단 성공하면, 구체제의 유산이 청산될 때까지 새로운 이데올로기와 그 주창 세력은 신선함을 유지한다. 일단 혁명 세력이 새로운 권력구조에서 지배계급으로 올라가 일정한 기간이 경과하면 기득권 세력화되면서 혁명 시의 명분은 사라지고 보수화되기 시작한다. 환경이 새롭게 변화하면서 기존의 혁명 이데올로기는 기득권을 정당화하는 보수 이데올로기로 변질된다. 변증법적 이데올로기 변화가 진행하는 것이다.

 이 과정에서 대항 이데올로기가 피지배층의 의식에서 자라기 시작하는데, 지배계급이 그 조짐을 민감하게 파악하여 적절한 대응을 선제적으로 하면 변증법적 변화과정은 지연된다. 없어지는 것이 아니라 미루어지면서 지표면 아래의 용암처럼 힘을 비축하는 단계로 들어간다. 지배계급의 민감성이 지도자의 자질문제나 기득권 세력의 양적 팽창에 따른 내부 분열과 투쟁에 의해서든지 둔감해지면 민중의 불만은 쌓이고 커지면서 문제해결을 요구하게 된다. 국지적·산발적·충동적·비체계적 불만이 민란으로 터지기 시작하면서 지배계급의 질서 유지력이 균열되기 시작한다. 권력이 피지배층의 생계와 재산 및 신체에 대한 보호를 못 해 주게 되면서 대항의식이 대항 이데올로기로 이론적 틀을 가지면서 새롭게 혁명 이데올로기화된다.

3.

르페브르의《공간의 생산》

"공론장(광장)은 통치집단의 지배력과 영향력을 증대하는 매우 효율적인 무기다. 공론장은 이데올로기의 서식처다. 어떤 이데올로기나 공론장에서 발원해 성장한다."[14] 앙리 르페브르[15]는《공간의 생산》에서 "이념은 공간에 근거하고 있고 공간을 기술하며, 공간의 어휘와 연결망을 사용하고, 공간의 코드를 가지고 있는 것이다. 교회, 고회실, 제단, 성소, 설교단, 성막 등 그 종교가 토대로 삼는 장소가 없다면, 종교적 이념은 어떻게 될 것인가? … 우리가 '이념'이라고 부르는 것은 사회적 공간과 그 공간의 생산에 개입한 경우에만 존재할 수 있으며 육화될 수 있다."라고 하였다.

---

14) 송호근, 2020,《국민의 탄생 : 식민지 공론장의 구조변동》, p 129.

15) 앙리 르페브르는 프랑스 파리 대학교에서 학위를 따고 교수를 한다. 도시문제를 고민하는 사회학자이자 철학자로서 공간문제가 사회의 지배와 저항, 억압과 혁명의 핵심 쟁점임을 주장하며《공간의 생산》이라는 대표작을 발표한다. 이 책은 상당히 난해하고 모호해서 해석에서 많은 논란을 일으키지만 공간에 대한 새로운 성찰을 준다. 광장과 이데올로기 간의 역동적 관계와 역사적 발전에 대해서도 통찰을 주기에 르페브르를 이 책에서 차용한 연유이다.

공간과 이데올로기의 관계에 대한 정치적 함의를 이론적으로 틀을 제시한 사람은 프랑스의 좌파철학자 르페브르이다. 이데올로기와 공간과의 관계에 대하여 체계적이고 중점적으로 분석한 것은 아니나, 공간은 "사회적 생산"이라는 그의 주장은 이데올로기의 존재와 역할을 호명할 수밖에 없다. 그는 공간이 주어진 고정된 볼륨을 가진 자원이 아니라 생산이 되는 것이기 때문에 공간에는 각 사회의 고유한 생산관계가 반영될 수밖에 없다. '각 사회, 각 생산양식은 자신만의 공간을 생산한다'는 그의 주장은 각 생산양식에 기초가 되는 자본주의, 사회주의 등을 전제로 하게 된다. 바꾸어 표현하면 '각 사회, 각 생산양식의 기초가 되는 이데올로기는 자신만의 공간을 생산한다'가 된다.

그에게 있어 공간의 개념은 공간을 차지하는 내용물과 상관없이 독립되어 존재하는 물리적 공간으로 '빈 그릇'이 아니라 공간 안에서 펼쳐지는 활동 다시 말해서 행위와 구조가 함께 파악되어야 할 사회적 실체이다. 특히 공간의 '주체'들에 의해서 공간은 변화되고 구성되어 나가는 것이다. 자본주의 사회에서 실천하는 주체들이 사회적 관계를 회복시키는 목표를 제시한다.

르페브르는 사회주의 체제 붕괴 이후에 자본주의가 패권유지를 위하여 세계 공간으로 재구역화·탈구역화하는 현상을 비판적으로 분석하였다. 그는 공간은 상품처럼 '생산'되고 '사회적으로' 생산된다고 주장한다. 각 사회는 자신만의 생산관계와 정치적 질서를 반영한 공간을 생산한다는 것인데, 특히 자본주의 생산양식의 공간생산의 특징과 그 이면에 있는 국가, 자본, 지배계급의 지배관계의 확대 재생산 의도를 파혜친 것이다.

후기자본주의는 인간 소외의 결과를 만들고 지배관계를 재생산 고착시키는데, 이에 저항하는 '주체'들의 공간적 실천으로 행위와 구조를 바꾸려는 노력이 주체가 '전유'할 수 있는 공간을 생산하면서 소외를 극복할 수 있다고 한다.

공간의 생산은 세 개의 '층위' 또는 '계기'로 구성된다. 첫째, '공간적 실천'은 '지각'하면서 반복되는 일상적 공간 활동의 양식을 의미한다. 달리 말하면 지각된 일상생활에서의 경험된 공간이 요구하는 규범대로 살아가는 것을 의미한다. 구조화되고 규범화된 공간적 실천으로 살아가게 되면 공간이 지속성과 일관성을 갖게 되면서 변화에 저항하는 성격을 갖게 된다. 기존 지배관계를 받아들이고 복종적이 되므로 지배계급은 지배관계를 재생산하기 쉽게 된다. 이렇게 만들어진 공간을 지배관계를 은폐하게 된다. 우리가 광장에서 통행, 산책, 휴식, 소통, 집회와 시위 등을 하게 되면서 관계가 생기고 사회적 삶이 구조화된다. 공간적 실천을 통해 일정한 '공간'이 생산되는 것이다. 광장에서 매일매일 집회와 시위가 열린다면, 감각을 통한 광장에 대한 지각은 '정치적 공간'으로 받아들이고 모여서 논의하고 주장하는 곳으로서 광장은 생산될 것이다.

두 번째, '공간재현'은 공간을 있는 그대로 '지각'하는 것이 아니라 공간에 대한 특정한 이데올로기에 따라 공간을 재현하여 사람들의 공간에 대한 '인지'에 영향을 준다. 미디어와 지배 이데올로기는 특정한 형태의 공간재현이 사회적 공간생산의 모든 측면에 영향력을 미치는 데 중심적 역할을 한다. 공간재현은 기존 사회의 생산관계와 정치적 질서를 규범으로서 사람들이 받아들이고 내면화하도록 합리화하는 역할을 수행한다. 공간을 기획한 사람들이 기획·구상한 공간으로 지배적 생산양식이 재생산되고, 지배담론은 일상에 대한 환상을 만들어 낸다.[16) 이데올로기가 장엄한 궁전, 거대한 동상, 광대한 광장 등 공간으로 이미지화·시각화되면 이들에 대한 백성들의 받아들임은 '지각'이 아니라 왕권이나 독재자의 권력의 절대성에 대한 '인식'으로 바뀌서 복종이 내면화된다.

세 번째, '재현공간'은 한 사회에서 규범적인 또는 이데올로기에 의한 공간 '인식'에서 벗어나 공간 이용자가 개별적으로 '체험'하는 공간을 말한다. 공간의 주체가 변화와 전유를 추구하는 공간이고 물리적 공간에 상상력을 불어넣은 것이다. 민중이 주체가 되어서 혁명을 꿈꾸고 실천하는 공간이라는 점에서 지배계급의 이데올로기가 구체화된 '공간의 재현'과 대비된다. 공간에 대한 상징적 체험은 질적이고 유동적이다. 광장의 역사에서 보면 과시형 광장은 조성자의 의도데로만 백성들이 체험하는 것이 아니라 의식의 성장에 따른 저항형 광장으로 체험되는 것이 이에 해당된다고 할 수 있다.

공간적 실천, 공간의 재현, 재현공간이라는 공간의 세 가지 계기는 상호관계가 독립적이지도 않고 안정적인 것도 아니다. 이들은 상호작용을 통

---

16) 장승현·이근모, 2014, 〈피트니스클럽 공간의 생산 : 일상적 공간으로서 실천, 재현, 전유〉,《한국스포츠사회학회지》 제27권 제1호, p 56.

해 변증법적으로 생산되는데 자본주의 사회의 추상공간에서 차이공간으로 옮겨 가는 것과 소유의 공간이 전유의 공간으로 대체되는 공간적 혁명을 전망한다. 계급(민중)이 하나의 공간을 생산할 때 비로소 '주체'로 형성될 수 있다는 조건을 제시한다. 4대강 사업과 같은 국가와 자본주의의 공간적 결탁을 끊어서 공간의 중심성(계급, 민중이 자신의 공간의 주체가 되는)이 회복되면서 '자치와 전유'가 실현되는 공간정치가 실현될 수 있다고 한다. 르페브르는 공간의 생산은 사회적 과정이고 그 과정을 만드는 주체는 공간을 전유하는 사람이라고 주체에 대한 강조를 한다.

공간의 '전유(appropriation)'는 단순히 공간을 차지하는 것이 아니다. 공간 주변의 환경적 요소에 대하여 주체적으로 상상하고 체험한 것들을 바탕으로 주변의 요소들을 자신의 의지에 따라서 활용하는 실천적 행위를 의미한다.[17] 예를 들자면 파고다공원을 전유하는 노인들의 실천적 행위, 서울역광장을 전유하는 노숙인들, 영등포 문래공단을 전유하는 예술가들의 활동을 들 수 있다. 거리, 공원, 광장과 같은 공공공간의 경우 조성자들의 의도와 달리 시민들이 집회와 시위 목적으로 계속적으로 활용한다면 저항형 광장이 되는 것이다.

르페브르는 공간생산의 세 계기들이 운동하여 만들어지는 공간의 역사를 살펴볼 때 공간은 다음과 같은 순서로 발전하여 왔다고 한다.

---

17)　윤지환, 2011, 〈도시 공간의 생산과 전유에 관한 연구 - 서울 문래예술공단 사례로〉, 《대한지리학회지》 46(2), p 254.

절대공간 → 역사적 공간 → 추상공간 → 모순공간 → 공간의
모순 → 차이공간

절대공간은 원초적인 자연공간을 말하고, 문명의 역사가 전개되면서
절대공간이 물러나고 상대적인 역사적 공간으로 등장한다. 서구의 중세
도시가 이에 해당하며, 더 발전하면서 르네상스시대에 들어서 도시는 정
치적 공간이 되고 시민의 행위와 국가권력의 지배가 동시에 나타난다. 프
랑스 혁명기에 도시의 광장에서의 왕권을 유지하려는 노력과 민중의 주
체적 자각과 실천이 동시에 벌어졌던 사실이 이를 나타낸다. 우리나라의
경우 구한말 동학혁명과 개화운동이 벌어졌던 서울 도심과 육조거리가
이에 해당한다.

추상공간은 자본주의 공간이고 소외의 공간으로서 민중이 공간의 주체
가 아닌 타자화된다. 자본의 논리에 의하여 도심의 공간은 사유화되고 공
적 공간이 부족해지면서 도시의 주인으로서 민중의 중심성이 해체된다.
이 공간은 소유의 논리가 지배하고 공간은 상품화된다. 추상공간의 모순
이 극단적으로 나타나면 모순공간이 나타나고, 차이공간[18]은 사회의 모
순이 공간의 모순으로 폭로되면서 공간의 주체인 이용자가 모순에 저항
하면서 나타나는 공간이다. 광화문광장의 주체가 시민일 텐데 광우병집

---

18) 강현수, 2021, 《도시에 대한 권리: 도시의 주인은 누구인가》, p 36-37. 차이는 르페브르
공간이론에서 중요한 개념이다. 《공간의 생산》에서 그는 자본주의의 추상공간이 전 세계
를 파편화·균질화·계급화하여 공간을 지배하는 것을 막기 위해서 차별화된 공간을 만
들기 위한 투쟁을 전개하여야 한다고 주장한다. 이때 차이는 '서로 다를 수 있는 권리'를
말한다.

회와 시위를 막기 위해 차벽을 둘러 '명박산성'을 만들어 공간에서의 시민 소외를 초래했던 경우가 대표적이다. 차이공간은 공간에서의 저항운동이 궁극적으로 지향하는 공간이며 인간성의 회복되는 탈소외의 공간이다. 실질적·내용적 민주주의를 지향하는 광화문 촛불광장이 이에 해당될 것이다.

르페브르는 1968년 '68운동'이 프랑스를 휩쓸던 시기에 《도시에 대한 권리》를 출간했다. 그는 도시는 그 안에서 살고 있는 모든 시민들의 공유하는 집합적 공간으로 보았기 때문에 시민들은 도시가 제공하는 각종 서비스를 누릴 권리, 도시의 정치와 행정에 참여할 권리, 자신들이 원하는 도시를 만들 권리가 있다고 하였다. 도시 공간 중에서도 특히 대중의 사용에 제공된 광장과 도로 등의 공적 공간은 더욱이 집합적 공간성이 높기 때문에 누구나 자유롭게 접근할 수 있고 자신의 주장을 펼칠 권리도 있는 것이다.[19] 미국 연방대법원에서 확립한 '공적광장이론'도 같은 근거로 공적광장은 정부가 소유권을 갖는 것이 아니라 수탁자이므로 주인에게 이용의 자유가 주어져야 한다고 주장한다.

---

19) 신승원, 2014, 〈르페브르의 변증법적 공간 이론과 공간정치〉, 《도시인문학연구》 제6권 1호, p 78-79.

4.
광장의 역사와 유형

유럽의 광장의 역사는 결론적으로 직접민주주의를 실천한 지중해권 아테네 등에서 태동하였다. 광장은 민주주의를 향한 대여정의 출항지·기항지이자 종국적인 귀항지이다. "광장은 시대정신의 공감대(민주주의)가 공간의 형식을 입고 구현되는 실체이다."[20] 광장은 민주적인 담론을 형성하는 '공론장'으로 하버마스(Jurgen Habermas)는 '민주적 정치행위의 필수불가결한 요소'라고 강조한다.

대중이 광장이 있다는 사실을 공유하고, 그곳에서 공적인 문제에 대한 같은 생각을 가진 사람들이 모일 것이고 목소리를 함께 낼 것이라는 사실을 공유하면서 '공유지식'을 갖게 된다면, 광장이 있다는 사실 자체만으로 독재 권력에 대한 견제장치로 작동 가능하다. 광장에 '차벽'이 처지는 이유는 광장의 '쌍방향 소통의 통로'를 막고 민주주의를 압살하려는 시도가 되는 것이다.

---

20) 전진영, 2019, 〈유럽광장의 진화 중세에서 바로크시대까지〉, 《건축》 63(4), p 25.

광장은 본질상 불특정 다수의 사람이 동시에 모일 수 있는 공간이다. 지배자의 입장과 피지배자의 입장에서 이중의 가능성을 가지고 있다. 지배자의 입장에서는 자신의 위대성, 불가침성, 절대성 등을 광장 주변의 건조환경인 화려하고 장엄한 궁궐로 표현하고 노력하게 된다. 동시에 물리적 환경 조성과 함께 왕의 대관식, 행차, 군대사열, 공개처형 등의 정치적 의례로서 한곳에 모인 많은 사람들에게 복종을 일상화하고 지배관계를 확대 재생산한다. 공개처형의 경우 현장에 모인 많은 사람들은 왕에게 저항할 경우 동일한 처벌을 받는다는 사실을 서로가 공유하면서 저항 의식이 약화되고, 절대자에 대한 찬양과 지지로 태도를 바꿀 것이다.

반면 피지배자의 입장에서 공개처형이 가혹하고 부당하다는 것을 광장에 모인 사람들이 같이 인지하고 분노하게 되면 광장은 봉기·혁명의 장소로 바뀌게 된다. 혁명은 다른 사람들이 더 많이 참여할수록 성공 가능성은 높아지고 자신이 구속될 가능성을 낮아지므로 공개된 광장에서 다른 사람의 반응을 확인한다는 공유지식은 더욱 혁명에의 참여 유인을 높인다.

이데올로기를 통해 광장에서 정치적 지배관계를 공고히 하고 재생산하고자 하는 지배층의 목적은 때로는 원치 않는 결과를 초래한다. 푸코는 "담론이 지배의 수단이고 결과가 될 수 있지만 또한 방해물이나 저항전략의 출발점이 되기도 한다."고 말한다.

르페브르는 공간적 실천을 통해 국가권력이 개인의 일상생활을 공간적으로 지배하고 규율할 수도 있다고 주장한다. 공간에 관한 지배담론, 공간 과학, 스펙터클, 감시 감독 등의 공간적 실천이 그러한 목적으로 행해진다. 반면에 개인들이 국가권력에 저항하는 공간적 실천은 저항담론, 공간철학, 축제, 저항(운동) 등을 통해 이루어진다. [21]

광장의 이러한 이중성 때문에 독재자는 광장을 좋아하면서 싫어하게 된다.

유럽의 역사에서 광장은 '공공공간'으로 성격과 정체성을 가진다. 고대 도시국가인 폴리스(polis)가 정착되기 전에는 사람들은 도시에 모여 사는 것이 아니라 흩어져 살다가 공통의 문제에 대한 논의와 결정을 위하여 특정 장소에 만나게 되고, 이곳을 중심으로 시청·법원·성당·왕궁 등이 건립되면서 도시와 광장이 형성된다. 광장은 도시생활의 상징이고 중심이고 심장이다. 고대 그리스의 '아고라(agora)'는 '만나다'라는 동사에서 파생되는데 사람들이 물품을 교역하는 시장이자 공적·사적인 문제에 대하여 의견을 교환하기 위해서 만나는 공공장소를 말한다. 고대 로마의 광장을 의미하는 단어 '포룸(forum)'도 '공개토론회'를 의미하는데 공적 문제에 대하여 상호 소통하는 공간이다. 로마에는 '포로 로마노(Foro Romano)'라는 로마 공화정을 위한 공론장으로 조성된 광장이 있는데 현대 대의제 민주주의의 출발지이다. 대조적으로 아테네의 아고라는 직접민주주의의 상징으로서 시민 전체의 민회가 열리는 장소로서 나라의 모든 주요 대내외

---

21) 조명래, 2014,《공간으로 사회읽기》, p 94-95.

정책이 결정되었다.

광장의 주변에 궁궐, 법원, 시청, 성당 등 지배층의 통치기구(aparatus)가 배치되는 것은 공동체가 존속하고 제대로 기능하기 위한 지배층과 피지배층의 '쌍방형 소통의 창구'로서 광장을 상정하는 것이다.

광장의 개방성, 접근성, 넓은 공간은 본질적으로 '자유'와 '평등'의 가치를 내재한다. 자유롭고 평등한 사람들이 서로 모여 공적인 문제를 논의하는 것은 민주주의의 형식과 절차가 갖추어져 있는 공간을 전제로 한다. 자본주의 국가이건 사회주의 국가이건 양자 모두 광장의 정치를 하면서 자신들의 정체가 진정한 민주주의에 기반한다고 주장하는 이유이기도 하다. 하지만 자유와 평등을 통한 인간존엄성의 실현은 형식적·절차적 민주주의만으로는 불가능하고 실질적·내용적 민주주의가 갖추어져 있을 때 가능하다. 간접민주주의, 의회민주주의의 한계에 대한 직접민주주의, 숙의민주주의가 대안으로 거론되는데 광장민주주의는 그리스 아테네 아고라부터 직접민주주의를 실천하는 공간으로서 탄생한 것이다.

광장의 정의는 '건조환경(建造環境; built environment)으로 둘러싸인 도시 공간에서 가로와 가로가 만나는 지점 혹은 일정한 건물군으로 둘러싸인 공간에 형성된 상당한 면적의 오픈 스페이스'이다.[22] '넓은 열린 공간'과 '주변에 건축물' 등 '건조환경'을 두 개의 큰 개념 요소에 의지한다.

---

22) 김백영, 2011, 〈식민지권력과 광장 공간〉, 《사회와 역사》 제90집, p 274.

열린 공간만으로는 광장의 정체성을 온전히 파악할 수 없고 광장을 둘러싼 건조환경과 함께 전체적으로 접근하여야 한다.

그릇으로 비교하자면 평평한 밑받침만 있는 것은 그릇이라고 불리지 않는다. 어느 정도의 경사와 높이를 가진 테두리가 있는 형태를 그릇이라 부른다. 테두리의 높이 형태에 따라 국그릇, 밥그릇, 찬그릇, 접시 등으로 분류되는 것처럼 광장의 성격과 기능은 주변 건조환경과 그 공간 안에서 공간적 실천을 하는 사람에 의하여 규정된다. 국그릇으로 만들었지만 밥을 담아 먹으면 밥그릇이 되는 이치이다. 르페브르의 '공간의 재현'과 '재현공간' '공간적 실천'의 관계는 그릇의 비유로 비추어 보면 쉽게 이해할 수 있다.

열린 공간과 주변 건조환경에 더해 능동적이고 주체적인 요소는 '사람'이다. 광장의 개념과 '공간'의 개념을 겹쳐서 보면 실체가 더욱 명료하게 드러난다. 공간은 "물질·사건·요소·주체·행위 등이 엮여 배열·구성되는 환경·영역·맥락"이다.[23] 이러한 공간을 구성하는 요소가 어떤 역할과 기능을 하느냐에 따라 공간의 성격이 규정된다.

결국 '광장 공간'은 그곳의 주인인 '사람'이 중심이 되어 소통하고, 관계하는 사회적 구조의 틀이다. 만쿠조는 "광장의 주인은 사람이다. 사람들을 위해서 광장이 존재하는 것이지 광장을 위해서 사람들이 존재하는 것

---

23) 조명래, 같은 책, p 40.

은 아니기 때문이다. (중략) 모든 집이 그 안에 거주하는 가족의 모습을 반영하듯이 모든 광장은 그 광장의 주인인 지역 주민들의 또 다른 모습이다."[24]라고 하였다.

따라서 광장의 역사는 집의 주인인 사람이 근대적 '시민'으로 성장하는 시민의식의 성장사이기도 하다. 통치의 단순한 객체로서 '백성'에서, 기본권을 각성하고 향유하는 '시민'으로서 주권자가 되는 의식성장이 이룩되고, 성장된 의식이 체계화·논리화·전략화되면서 이데올로기화된다. 시민 이데올로기는 기존의 절대군주와 귀족 등 지배층의 통치 이데올로기에 대한 저항 이데올로기로 기능한다. 양자가 균열되고 대립할 때 광장은 저항공간으로 시민들은 집회와 시위를 통하여 자신들의 절규와 요구를 드러내게 된다. 양자의 충돌은 피와 희생을 대가로 민중의 요구가, 민주주의로 쟁취된다.

각 도시에 있어 광장의 주된 역할이 무엇이었느냐에 따라 유럽의 광장은 시장광장, 종교광장, 정치광장, 축제광장, 기념광장, 교통광장 등 다양한 양태를 띤다. 광장의 크기, 형태, 권력구조 등에 따라 주된 기능이 구현되는데 많은 경우에는 단일 기능이 아니라 혼합기능을 수행하는 다양한 용도의 공공공간이다. 특히 광장을 둘러싼 지배자와 피지배계급 간의 권력구조의 양태, 지배층 이데올로기와 피지배층 이데올로기의 긴장관계, 즉 민주주의의 여부와 발전 정도를 기준으로 '과시형(동원형) 광장', '저항

---

24) 프랑코 만쿠조, 2009.《광장》, p 115.

형(전이형) 광장' '소통형(민주형) 광장'으로 분류할 수 있다.

　과시형은 주체가 절대군주가 되고, 백성은 통치의 대상으로 머물러 있던 시절이다. 절대군주제는 왕의 신하인 백성들의 세금과 근로에 의지하여 운영된다. 군주의 자의적인 판단에 따라 백성들의 생명과 재산권이 좌지우지되었고, 백성은 불만은 있으나 조직적 저항을 하지 못하였다. 착취당하는 것이 당연하다고 생각하고, 단 그 정도가 심한 경우에 불만을 느끼고 은밀하게 표현하였을 것이다.

　왕권은 하늘에서 내려주었다는 왕권신수설이 지배를 정당화하는 이데올로기로 작동하던 시대이다. 절대군주의 광장 조성목적이 왕권의 신성성·위대성·불가침성 등을 과시하기 위한 것이 주된 것이므로 광장과 그 주변을 화려하고 웅장한 왕궁과 같은 건조물을 축조하고 왕위 즉위식이나 군대행진과 같은 정치의례로서 피지배층의 복종의 공고화·안정화·항구화를 도모하였다. 광장은 만쿠조가 묘사하듯이 '통치자의 군림과 통치자를 표상하는 질서를 가시적으로 보여 주는 기호'였다.

　광장의 본질은 지배층과 피지배층 간의 '쌍방향 의사소통의 통로'에 있을 것인데, 전제 군주 통치시기에는 왕의 지시사항을 전달하고 법령을 공포하는 일방적 커뮤니케이션 통로 역할을 한다. 특히 왕권에 도전하거나 반란하는 인물과 무리배들을 광장에서 길로틴으로 공개처형하거나 교수형을 집행하는 것은 순박한 백성들을 겁박하는 공포정치의 일상이다.

광장의 다른 한 켠에서는 왕이나 특정 인물의 동상, 오벨리스크 기념비를 건립하여 권력의 시각화 작업도 동시에 진행하면서 무의식적 복종을 일상화한다. 백성의 집단적 의사표현으로서 집회와 시위는 금지되고, 간헐적으로 시위나 민란이 일어나도 권력행사의 지나침과 생존을 보장해 달라는 정도의 일시적이고 소규모의 형태였을 것이다. 왕의 지배의 정당성을 문제 제기하고 지배의 정통성으로서 국민주권 의식은 아직 없을 때이다. 따라서 광장에서의 이데올로기는 지배층의 통치 이데올로기만이 전횡하는 형국이고 피지배층의 저항 이데올로기는 형성 전이다.

르페브르의 분석틀을 빌리자면 지배층이 통치 이데올로기로 공간을 재현하고, 특정한 정치의례와 공간적 실천을 하는 과정에서 피지배층은 그 공간에 재현된 이데올로기를 학습하고 내면화하면서 지배가 안정화된다. 기존 질서 내의 불평등한 사회관계에 대하여 별다른 불평, 불만, 저항감이 없게 된다.

과시형 광장은 중세 이후 절대군주제의 공간조형 특징이다. 중세시대에는 자연 지형의 순응과 휴먼스케일의 광장, 비정형 공간과 협소한 골목 등의 공간으로 광장이 만들어졌다면, 17세기 이후 절대군주제 국가에서는 광장 공간을 통하여 왕의 권위와 지배계층 간의 위계를 표현하고자 한다. 주요 광장들은 직선 축의 가로교차점에 주로 사각형 또는 타원형의 형태로 계획되고 중심부에는 오벨리스크, 기념원주, 왕의 동상 등을 높이 세우고 광장을 크게 만들어 절대 권력의 크기와 지배·복종관계의 수직적

위계를 공간으로 연출하였다.²⁵⁾ 특히 광장 주변을 둘러싼 주요 건축물을 살펴보면 군주가 생활하는 왕궁, 성당이나 교회, 법원, 시청, 시장 등이 중심이 된다. 왕의 지배와 그 지배관계를 공고히 하는 정책과 법, 제도를 기안하고 집행하는 통치기관과 먹고사는 데 기본적인 식량과 각종 생필품이 거래되는 시장이 자리 잡고 있다.

조선 광화문 육조거리도 한 가지만 제외하고 비슷한 배치를 보인다. 궁궐과 육조, 사헌부, 한성부가 있고 직선 축에 있지 않지만 육조거리와 직각으로 교차하는 종로 운종가의 시장이 형성되어 있다. 없는 것은 성당 또는 교회인데 중세 기독교 국가의 왕권신수설, 신본주의를 실현하는 정신적 토대의 물질적 재현 양태와는 달리 조선시대에는 유교주의를 실천하기 때문이다. 불교를 국가 통치 이데올로기로 삼던 고려와는 달리 숭유억불의 조선에서는 사찰이 자리 잡을 여지는 없는 것이다.

저항형 광장은 민중의식의 성장하면서 광장이 혁명의 공간으로 재탄생하여 소통형 광장으로 전환하게 되는데 프랑스 대혁명 시기의 광장이 대표적이다. 특히 세금의 액수와 부과가 감당할 만하고 공정하다면 민중은 소리치지 않지만, 지나치게 세금이 가혹하고 공정하지 않다면 어차피 생존권을 위협당하고 박탈당하는 민중의 입장에서는 저항과 투쟁밖에는 대안이 없게 된다. 프랑스 대혁명 때도 세금이 면제되는 귀족과 성직자가 많아지면서 일반 백성의 부담이 높아지기에 그 부분을 귀족과 성직자도

---

25) 전진영, 2019, 〈유럽광장의 진화 중세에서 바로크시대까지〉, 《건축》 63(4), p 22-25.

부담케 하면서 권력관계의 변화가 초래된 것이다. 조선 후기 민란이 많이 발생하는 것도 왕권이 약화되고 외척 세력이 발호하면서 백성들 세금부담이 갈수록 커지는 것에 더 이상 참지 못하고 폭발한 것이다.

프랑스 절대군주제가 재정고갈로 귀족과 성직자에게도 세금을 분담시키는 것에 반발하여 기존 지배체제가 균열을 보이면서 붕괴하기 시작한다. 루소는 왕권에 신에 의해 주어진 것이 아니라 인민이 주권의 근본이라는 인민주권론을 주장하면서 혁명의식을 고취하기 시작했다. 제3신분의 부르주아 계급(시민계급)이 왕과 귀족을 축출하는 작업에 들어가면서 바스티유광장에 있는 감옥을 습격하고 혁명이 드디어 발화된다. 과거 절대군주의 지배에 저항하지 못하도록 반란자들을 처형하던 과시형 공간에서 민중의 저항이 대규모로 표출되는 저항형 공간으로 역할이 바뀌는 아이러니를 연출한다. 루이 16세는 1793년 혁명광장(지금은 콩코르드광장)에 설치된 단두대(기요틴)에서 목이 떨어진다. 그의 부인 마리 앙뜨와네뜨도 같은 혁명광장에서 처형되었다. 이곳은 두 사람의 결혼식이 거행되었다고 한다. 얼마 지나지 않아 공포정치로 유명한 혁명주의자 로베스피에르도 같은 광장에서 단두대에 올랐다. 마침내 1789년 '인간은 자유롭고 평등한 권리를 가지고 태어났고, 모든 주권의 원리는 본질적으로 국민에게 있으며, 억압에 대한 저항권'을 명시한 프랑스 인권선언이 선포된다. 근대 민주시민사회가 광장에서 탄생한 것이다.

르페브르를 다시 소환하여 말하게 한다면 이렇다. 지배계급이 과시형 목적으로 조성한 광장에서의 여러 가지 정치의례 등의 공간적 실천으로

그림 8 flicker, 1855년 12월 프랑스 파리 바스티유광장 일대 7월 혁명탑과 개선문

통치 이데올로기가 공간적으로 재현되었지만, 피지배계급이 새롭게 공간을 인지, 지각하고 체험하는 공간적 실천이 바뀌면서 모순공간이 등장한다. 기득권질서를 방어하고 옹호하는 통치 이데올로기가 구현된 공간과 피지배계급의 새로운 요구와 주장을 담은 저항 이데올로기가 균열·대립하게 된다. 모순공간은 공간의 변증법적 발전을 필연적으로 불러오게 되고, 과시형 광장은 저항형 광장으로 광장의 활용과 성격이 변하게 된다.

혁명광장은 원래 루이 15세의 기마상을 장식하기 위해 팔각형으로 조성되어 '루이 15세광장'으로 불리다가 프랑스 혁명 시에 혁명광장으로 이름이 바뀌었다. 서쪽으로 샹제리제 거리에서 개선문으로 이어지고 반대편에는 튀일리정원과 루브르 궁전이 있다. 루아알가(街)를 통해서 마드렌성당과 마주한다. 과거 혁명광장 시기에 단두대가 있던 곳은 연못이 설치되어 있고 중앙에는 이집트에서 가져온 오벨리스크가 있다. 혁명 때 루이 15세 상(像)은 파괴된다. 혁명 뒤에 '화합'을 뜻하는 '콩코르드(Concorde)'로 명칭이 바뀐다. 이곳은 과시형 광장에서 저항형 광장으로 그리고 소통형 광장으로 변하는 광장의 역사를 상징적으로 보여 주는 대표적인 광장이다.

저항형 광장의 또 다른 대표 사례는 러시아의 상트페테르부르크 동궁광장이다. 1789년의 프랑스 혁명이 근대를 열었다면 1917년의 러시아 혁명은 제1차 세계대전과 함께 현대를 연 사건이다.

그림 9 flicker, 상트페트로그라드 궁전광장

1905년 상트페테르부르크광장에서 노동자들은 기본적 인권확보, 빈곤 해소 등 청원을 니콜라이 2세에게 전달하기 위하여 평화적 시위를 하였으나 유혈진압으로 수천 명이 죽는다. 국민들을 무자비하게 살육하는 러시아 황제에 대한 왕권신수설의 이데올로기가 무너지고 1917년 러시아 혁명의 원동력이 되는 사건이다. 당시 시위대는 왕정을 부정하지 않고 개혁을 요구하는 수준이었다. 다음은 시위대의 청원서 마지막 부분이다. 구한말 동학농민운동의 요구사항의 데자뷔 같다.[26]

"폐하, 인민들을 저버리지 마시옵소서. 당신과 당신의 신민을 가르는 벽을 깨부수십시오. 저희 요구를 들어주겠다고 약속하시면 러시아는 행복해질 것입니다. 만약 저희의 요구를 들어주지 않으면 저희는 바로 이 자리, 궁전 앞 광장에서 죽어 버리겠습니다. 저희에게는 오로지 두 갈래 길밖에 없습니다. 자유와 행복으로 가는 길이냐, 무덤으로 가는 길이냐."

제1차 세계대전의 장기화로 러시아 민중 생활의 곤궁함은 더욱 심해지고 있었다. 1917년 3월 페트로그라드광장에선 '빵과 우유'를 요구하는 여성들의 시위에 노동자들이 가담하고 노동쟁의로 이어진다.

"광장에는 수많은 군인들이 군중들을 막고 있고 기병들이 젊은 장교의 지휘 아래 군중들을 거칠게 해산시키고 있다. 곧이어 기병들이 물러나자 2열 횡대의 근위병들이 일제히 총을 발사했다. 그러나 노동자들은 조금도 물러

---

26) 네이버 지식백과.

나지 않았다. 그들은 혁명가를 부르고 '자유를, 시민의 행복을, 조국 러시아의 부흥'을 외치며 그 자리에 그대로 서 있었다."[27]

1917년 11월 7일 무장봉기로 부르주아 임시정부를 전복하고 세계 최초의 사회주의 혁명을 성공시켜 프롤레타리아 혁명정권을 수립한다. 볼세비키의 통치 기간에도 동궁광장은 평화시위와 군사행진의 공간으로 사용되었다. 1920년 7월 19일에 전 세계 공산주의자 대표가 페트로그라드에 모여 제2차 코민테른 대회를 열었을 때 레닌이 축하 대중연설을 겨울궁전 앞 광장에서 한다. 이 장면을 저명한 사진작가 빅토르 볼라가 촬영하였는데, 이 사진에는 태극기가 찍혀 있다.[28] 한국 사회주의가 광장에서 태동하고 있는 것을 보여 주는 상징적 장면이다.

광장의 중앙에는 황제 알렉산드라 1세를 기념하는 알렉산드로브스키 기둥이 있고 주변으로는 겨울궁전(현재 에르미타주 미술관 본관으로 사용 중), 참모본부 건물, 서쪽으로는 성 이삭성당, 강 건너편에 표트르 대제 인류학 및 민족학 박물관이 있다. 소련 시절에 우리츠키광장으로 이름이 바뀌어 다양한 공연과 행사가 열렸는데 20세기에 들어서는 마돈나, 스콜피온스, 엘튼 존 등 세계 유명 가수들의 공연이 열렸다.

페테르부르크 동궁광장과 함께 참고할 광장이 모스크바의 붉은 광장이다. 모스크바의 주요 시장터로서 러시아의 여러 곳과 인근 국가에서 모여

---

27) 위키백과.
28) 류한수, 2017. 〈러시아혁명의 한복판에 섰던 한국인들〉, 《지식의 지평 : 메모렌덤》, p 10.

활발하게 교역하였기에 교역, 매매를 뜻하는 '토르크(Topr)광장'으로 불렸다. 16세기에는 성 바실리성당의 옛날 이름을 따서 '트로이차광장', 광장 남쪽의 삼위일체 교회 이름을 따서 '삼위일체광장', 대화재 발생 이후에는 '화재광장'이라고 불리기도 한다.

그림 10 flicker, 모스크바 붉은 광장

붉은 광장이라는 명칭은 17세기부터 쓰이기 시작했는데 명칭 유래와 관련 여러 가지 설은 있는데 공산주의와 붉은색과의 연관성은 없다고 한다. 붉은 광장은 러시아어로 '크라스나야 플로시치'라고 하는데 '크라스나야'는 '붉은'이라는 뜻과 '아름다운'이란 뜻이 있다고 한다. 원래 아름다운 광장이었던 것이, 사회주의화되고 나서 체제를 연상시키는 붉은 색이 광장을 지배하게 되면서 '붉은 광장'이 되었다고 한다.[29] 광장은 크렘린과 굼 백화점 사이 폭 130m, 역사박물관과 성 바실리성당 사이 695m로 이루어 진다. 광장 남쪽에는 대통령관저, 레닌 묘, 북쪽에는 국립백화점 굼, 서쪽 에는 역사박물관, 동쪽에는 러시아 정교회 성당인 성 바실리성당과 처형 장이자 왕의 칙령을 발표하던 로브노예 메스토자리가 있다. 법령의 공포, 전쟁에서 승리하고 돌아온 군사들을 맞이하는 등 공공행사, 반란을 일으 킨 자들을 처형장소, 왕의 즉위식이 거행되었다. 특히 사회주의 혁명의 유산으로 미라 처리된 레닌의 시신이 안치되어 있는 레닌 묘가 1929년에 크렘린궁 옆에 자리 잡는다. 길이 24m, 높이 12m의 사각형 피라미드 구 조는 사회주의 체제의 수평적 확장성을 은유하며 사회주의 체제 탄생 과 지속, 발전을 상징한다. 지금까지 참배하거나 관광으로 다녀간 사람이 전 세계에서 1억 2천 만 명에 이른다. 이데올로기의 '공간재현'의 전형적 인 장소이다. 현재는 러시아 관광객들의 필수코스 중의 하나이고 모스크 바 시민들이 스케이트를 타고 콘서트를 즐기는 문화의 장소이자 러시아 의 국가 이미지를 대외적으로 과시하는 상징적 장소이다. 매년 5월 대조 국전쟁 승전 기념 군사 퍼레이드나 국가 차원의 큰 행사가 열리는데 2022 년에는 우크라이나와 전쟁 중인 푸틴 대통령이 이 행사에 참가한다.

유럽에서 저항형 광장이자 소통형 광장으로 유명한 곳이 체코 프라하 의 바츨라프광장이다. 1918년 체코 슬로바키아의 독립선언문이 낭독되 고, 1968년 '프라하의 봄'으로 자유와 민주화를 위한 시위와 학생들의 희

---

29) 국민일보, 2020년 12월 23일, 김재중 기자.

그림 11 flicker, 체코 프라하 바츨라프광장

생이 피로 얼룩진 곳이자, 1989년 공산 독재체제를 무너뜨리고 민주화 시민혁명으로 의회민주주의 체제를 달성한 '벨벳(평화로운) 혁명'이 일어난 곳이다. 바츨라프광장의 끝, 중앙박물관 앞에는 당시 희생된 얀 팔라흐와 얀 자이츠를 위해 십자가가 새겨져 있다. 총 길이가 750m에 달하고 넓이는 4만 5000㎡에 이르며 양쪽에 도로가 있는 중앙 광장 형태로 조성되어 있다. 2009년 조성된 서울시 광화문광장과 길이·면적·형태가 유사한데, 2006년 광화문광장 형태 논의 때 참고되었다. 광장 초입에는 체코의 세종대왕 격인 성 바츨라프 왕의 기마상이 서 있고 화단과 벤치가 놓여 있어 시민들의 휴식공간으로 활용된다. 주변으로는 호텔, 백화점, 레스토랑, 기념품 가게가 있다. 1384년에 조성되어 말을 주로 거래하는 가축시장이

있어 '말 시장광장'이라고 불리다 1887년에 '바츨라프광장'으로 이름이 바뀐다. 부활절 및 크리스마스 등 축제 때 정기적인 프로그램으로 전통 체험행사, 전통 공예품 판매, 다양한 공연이 열린다. 최근에 광화문광장처럼 기존 중앙 광장을 확장하고 양측 차로에 나무를 심는 보행자전용거리 계획이 추진되고 있다고 한다.

그림 12 중국 북경 천안문광장

　과시형 광장이 간헐적인 저항형 광장으로 기능한 아시아의 대표적인 공간은 중국의 천안문광장이다. 1415년 명나라 시대에 천보랑이라는 이름으로 지어진 남북 880m, 동서 500m의 세계최대의 광장이다. 북쪽으로 국기게양대, 인민영웅기념비, 모택동 기념당, 정양문, 서쪽으로는 인민대회당, 동쪽에는 중국국가박물관이 있다. 천안문에는 모택동의 초상화가 걸려 있다. 1949년 10월 1일 모택동이 천안문에 올라 중화인민공화국의 탄생을 선언한 이래 매년 10월 1일 건국 기념 대규모 열병식을 개최하다 상황에 따라 유동적으로 규모를 조정하고 있다. 천안문광장은 중화인민공화국 탄생 이후에 사회주의 혁명의 공간으로 새롭게 변모한다. 남북축의 성벽 및 성문철거, 동서의 장안대로가 개통되면서 대로의 개방적이며 평등주의적 성격은 폐쇄적이고 비공개적인 과거 전제왕권의 상징인 남북축과 대조를 이룬다. 광장 중앙의 화강암 오벨리스크 인민영웅기념비는 서구열강에 대한 저항과 국민당과의 투쟁에 대한 혁명역사를 보여 준다. 명절 퍼레이드, 인민대회, 당 지시사항 발표, 투쟁집회를 위해서 사용되던 정치적 공간이다. 1919년 5월 4일 학생들의 반제국주의·반봉건주의 혁명운동, 파리평화회의에서 승전국들이 독일에 장악된 영토를 돌려달라는 중국의 요구를 거부하고 일본에 이양하려고 한다는 소식이 베이징에 전해지면서 수천 명의 학생이 천안문광장에 집결했다. 1976년 2차 천안문 사건이 있다. 4월 4일~5일 마오쩌둥 사상 절대화와 가부장 체제에 대한 중국 민중의 저항운동인데 유혈진압으로 수천 명이 사망·부상·체포당하였다. 1989년 3차 천안문 사건은 6월 4일 발생한다. 학생, 노동자, 농민들이 참가한 반정부 민주화시위로 서방세계에서는 89년 민주운동이라고 한다. 정부의 무력진압으로 수천 명이 사망한 것으로 알려진다.

소련 및 중국과 유사하게 북한의 수도 평양 건설계획과 도시계획은 사회주의 이데올로기를 구현하는 수단이다. 이것은 많은 사회주의 국가들이 도시를, 특히 수도를 체제선전의 도구로 활용하는 것과 괘를 같이한다. 특히 도심의 거대한 광장을 조성하는 것이 특징적이다. 도시 중심부에 노동자들의 집회와 시위를 개최하고 계몽과 교육에 활용하기 쉽도록, 특히 다수의 군중이 일시에 모일 수 있도록 거대한 규모로 조성한다. 북경의 천안문광장이나 모스크바의 붉은 광장도 같은 의도로 만들어진 것이다. 나중에 북한식 사회주의로서의 '주체사상'으로 대치되면서 북한의 도시계획에 있어서 도심 중심부는 사회주의 체제의 위대성과 수령의 존엄성을 드러내는 공간이 된다.

해방 직후 북한의 임시수도로 지정된 평양은 한국전쟁을 겪으면서 초토화된다. 김일성은 1951년에 평양복구의 기본방향으로 전쟁 전보다 더 아름답고 웅장하고 현대적으로 건설하라고 지시한다. 평양은 조선인민의 심장이고, 사회주의 조국의 수도이고, 혁명의 발원지이기 때문에 평양의 중심부부터 우선적으로 계획에 착수한다.[30]

해방 후 북한의 평양에는 광장이 없었기 때문에 평양시청 앞 대로를 막아 광장 대신 사용하였지만 규모가 협소하였기 때문에 제대로 된 광장의 조성 필요성에 대한 공감대가 형성되고 있었다. 1951년에 김일성은 "사회주의의 우월성과 인민의 영웅적 기상이 건축적으로 잘 형상화하도록" 조성하라는[31] 교시로 처음으로 중앙 광장 조성계획이 등장한 이래로 계속 수정을 거쳐서 다듬어진다. 중앙 광장의 입지는 이때 결정되었는데 명칭은 1954년 8월에 '김일성광장'으로 호명되고 면적이 36,000㎡로 확정된

---

30) 전상인·김미영·조은희, 〈국가권력과 공간: 북한의 수도계획〉,《국토계획》50(1), p 28-29.
31) 리화선, 1993,《조선건축사 2》, p 190.

다.[32]

북한 정권의 도시계획가들은 자본주의 국가의 도시들이 자본가들의 취미와 욕망을 우선시하면서 무질서하게 형성되고, 자본가들이 도시 중심부를 독차지하면서 노동자들을 몰아내고 낙후한 주거환경에 거주하게 만들었다고 비판한다.[33] 이를 시정하고 광장을 노동자들에게 돌려주기 위하여 계획된 점은 사회주의 이념을 공간적으로 실천하는 것이다. 김일성은 광장 주변에 국가기관을 건립하는 것은 인민들을 관료주의적으로 통치하던 자본주의 체제의 유산이라고 비판하면서 광장 근처에는 인민들을 위한 궁전, 극장, 영화관 같은 문화시설을 건설하여야 한다고 하였다.[34]

1953년 7월 30일에 발표된 내각결정에 평양계획의 구체적 방향이 밝혀지고 '평양시총계획략도'가 이를 반영한다.[35] 남산재를 등지고 대동강을 바라보는 광장축이 결정되고 정부의 1호 청사와 2호 청사가 1955년에 완공된다. 2차 계획안도 다시 수정되면서 1958년에 노동신문에 실린 광장 조감도에는 광장의 중심에 노동궁전이 있고, 그 좌우로 직종청사와 노동자 아파트, 대동강 쪽으로 한 단을 내려오면 광장 좌우로 1호, 2호 청사가

---

32) 이종겸·정현주·김희정, 2021, 〈평양시 도시미화담론과 북한의 권력에 관한 연구 : 1953~1970년 김일성 유일지배체제 성립시기를 중심으로〉, 《현대북한연구》 24(2), p 64.
33) 정인하, 2021, 〈평양 김일성광장의 조성과 계획원칙에 관한 연구〉, 대한건축학회논문집 37(6), p 107.
34) 전상인·김미영·조은희, 2015, 〈국가권력과 공간 : 북한의 수도계획〉, 《국토계획》 50(1), p 37.
35) 정인하, 같은 글, p 110.

있고, 한 단을 더 내려오면 해방투쟁박물관과 미술박물관이 위치하는 것으로 나온다.[36] 김정일이 등장하면서 1982년에 인민대학습당을 완공하고 같은 해 주체사상탑이 대동강 변에 세워지면서 30여 년에 걸친 광장 조성 사업이 마무리된다.

그림 13 flicker, 김일성광장

북한의 김일성광장은 대동강 서쪽, 평양의 한복판에 자리하고 있는 과시형 광장의 전형이다. 1954년에 착공되어 75,000㎡의 크기에 화강암으로 바닥을 치장하였다. 중국의 천안문광장을 벤치마킹하였다고 알려져 있으며, 조선민주주의인민공화국의 축제, 집회, 정치·문화 활동, 군사 퍼

---

36) 정인하, 같은 글, p 113.

레이드가 펼쳐진다. 인민대학습당, 국기게양대, 중앙에 김일성·김정일 초상화, 강 건너 주체사상탑, 과거에는 마르크스와 레닌 초상화, 이데올로기의 공간정치화를 통한 체제선전의 대표적인 공간이다.

김일성의 생일인 태양절 행사 때는 정장을 입을 남녀 젊은 사람들이 무도회를 열고 불꽃놀이가 벌어진다. 당 창건 기념일, 전승기념일, 김일성·김정일 장례식 등 정기적인 기념일과 미사일발사, 인공위성 발사 성공 등 비정기적인 날들을 기념하는 수많은 기념행사, 대규모 퍼레이드, 축전 등이 연중 내내 열린다. 상징적 국가의례 행사에 인민은 주인공이거나 관객으로 참여하게 되고 수령, 국가와 민족, 인민을 운명동일체로 묶는 기능을 한다.

고대부터 현재에 이르기까지 대표적인 동서양의 광장 발달의 역사를 살펴본 바에 의하면 과시형 광장이 저항형 광장을 거쳐 소통형 광장으로 자리 잡음을 볼 수 있다. 소통형 광장은 민중이 민주주의를 형식적으로 쟁취하고 실질적 민주주의를 내실화하는 단계의 광장이다. 오늘날 세계의 많은 국가들은 민주주의 체제에서 살고 있다. 권위주의 체제에 분류되는 국가들은 전 세계 국가들의 1/3도 안 된다.[37] 하지만 형식적·절차적 민주주의의 실현 여부와 그들 국가의 광장이 소통형(민주형) 광장인지 여부와는 별개의 문제이다.

---

37) 하태규, 2017, 〈고대 아테네 민주주의와 광장 민주주의 : 러시아혁명 민주주의 검토의 전제〉, 《비판사회학회》, p 179.

제3장

서울의 광장과 이데올로기

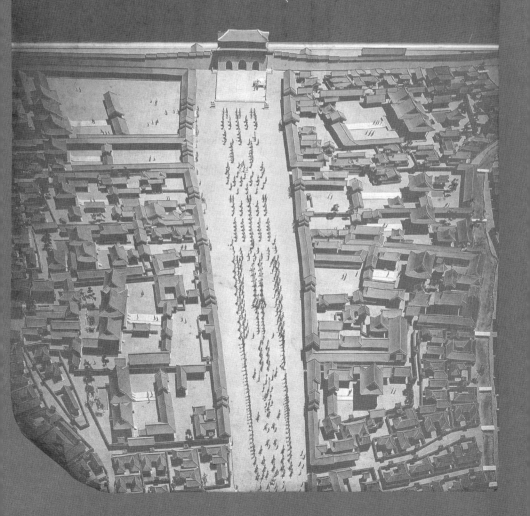

1.

조선시대
: 군·신공치(君臣共治)광장

    조선왕조의 통치 이데올로기로는 공식적인 유교와 비공식적인 불교와 풍수지리가 있다. 통치이념을 공간적으로 표현하는 것은 비가시적인 가치와 질서를 물리적으로 지각하고 인지하게 만들어 지배관계를 공고히 하고 확대 재생산하기 위한 동서고금에 정치에 있어 보편적이다. 특히 유교 대 불교·풍수지리가 공간적으로 긴장관계에서 대립으로 경쟁하다가 정도전의 성리학적 공간설계로 조성된 곳이 경복궁 정문인 광화문 앞의 육조거리이다.

    왕조개창 초기의 공간정치의 출발점은 수도의 이전이다. 개경에서 한양으로의 천도는 1392년 8월에 이성계가 명령한다. 개성은 고려 왕씨의 구도, 고려의 권문세족의 근거지, 정치적 동지인 정몽주·최영 등이 살해된 비극의 장소, 개성의 지기가 쇠하고 있다는 풍수지리의 송도지기쇠왕설 등으로 새로운 정치적 상징으로써 한양이 부상한다. 풍수·도참사상에 기반하여 한양으로 수도를 이전하게 되는데 천도 목적은 새로운 신흥 사대부를 중심으로한 지배세력의 조기 안착이었다.

조선왕조의 공식적인 통치기조, 통치 이데올로기는 '숭유억불(崇儒抑佛)'이라는 네 글자가 상징하듯 유교라는 데는 이론이 없다. 공식적인 통치이념이 유교라면 비공식적이고 종교적으로 불교와 풍수사상도 면면히 영향력을 미치는 보조 이데올로기의 위상과 기능을 한다. 태조, 세종, 세조 등이 독실한 불교신자인 점이나 대다수 백성들의 종교적 신앙은 불교, 조상숭배, 산악숭배, 서낭당, 무당, 풍수, 사주 등 민간신앙적 측면이 강하였다. 양반들도 유교를 배우고, 실천하도록 사상화되어 있지만 생로병사의 측면에서는 불교 등 민간신앙을 여전히 지배적이다. 국가경영이나 사회유지에는 유교가 개인수양과 기복에는 불교가 공존하고 상호 보완하는 양상을 보인다.

공자의 가르침을 기본으로 하는 유교사상의 핵심은 '대학'에 나오는 '수신제가치국평천하(修身齊家治國平天下)'라는 구절에 간결하게 표현되어 있다. 성선설(性善說)에 입각한 각 개인의 수양을 통해 유교가 이상적으로 생각하는 사회를 건설하는 것이다. 사람들에게 요구되는 윤리가 '효제충신(孝悌忠信)'이다. 특히 군주가 덕으로 백성을 다스리는 왕도정치, 덕치주의를 강조하고 더 나아가 백성이 국가통치행위의 근본이라는 민본주의에서 왕조 통치의 정당성이 있다고 주장한다. 유교를 통한 왕조통치의 정당성을 구하고 왕권의 안정을 구하고자 채택한 것이다.

조선왕조 창업에 핵심적인 세력인 신흥사대부들은 유교의 주자학을 통하여 국가를 쇄신하고자 한다. 특히 정도전은 주자학에서 바람직한 공동체 극복을 위하여 '예(禮)'를 통해 관계적 질서인 부자, 형제, 부부 나아가

군주와 신하 간에 확장되어야 한다고 한다. 정도전은 새로운 왕조의 이데 올로기는 권위와 위엄을 갖춘 군주, '인(仁)'과 민본의 통치, 직분의 질서에 입각한 왕국, 재상정치론을 핵심요소로 한다고 주장한다. 이러한 이데올로기는 '주례'의 '천관총재상(天官冢宰相)'에 전체적 윤곽이 서술되어 있다.

정도전은 주례(周禮)의 첫머리인 천관총재 제1에 나오는 다음과 같은 구절을 공간적으로 실천한다.

> "대저 왕이 나라를 세움에, 그 방향을 변별하고 모든 위치를 바르게 해야 한다. 그 나라의 국토를 체화하여 성내와 교외의 경역을 잘 분획해야 한다. 그리고 관료를 설치하고 그 직책을 효율적으로 분담시켜 민극(民極)을 확립해야 한다. 이에 천관총재(天官冢宰)를 세워 모든 관료를 그에게 속하게 하여 통솔케 하고, 나라의 다스림을 관장케 한다. 그리하여 왕을 보좌케 하고 나라를 균등하게 한다." [38]

먼저 방위를 변별하고 궁전의 위치를 잡는데 백악을 주산으로 하여 임금이 남면하게 하고 좌묘우사(좌측에 종묘, 우측에 사직단)를 세우고, 민극(민의 합리적 질서)을 확립하기 위하여 왕권을 제약하는 재상(宰相)제도를 강화한다. [39]

왕궁 조영, 특히 광화문 앞 육조거리 조성에 적용된 정도전의 유교적 철

---

38) 김용옥, 2004, 《삼봉 정도전의 건국철학》, 통나무, p 32.
39) 김용옥, 같은 책, p 33.

학으로 '군·신공치제'에 주목할 필요가 있다. 일본의 건축가 구로카와 기쇼는 '동양의 도시에는 광장이 없다. 광장의 역할을 하는 것은 길'이라고 하였는데 중국이나 한국의 왕궁 정문 앞의 널찍한 주작대로는 강력한 왕권을 상징하지만 정도전에게는 왕권만을 위한 공간은 아니었다.

육조거리의 공간적 의미는 왕의 공간인 경복궁과 신하의 공간인 육조, 그리고 왕·신하·백성을 연결시키는 광화문과 육조거리에 함축되어 있다.

광화문은 태조 이성계 때는 '정문(正門)'으로 정도전이 이름을 짓는다. 정문은 조선왕조의 중심인 경복궁에 내재된 군주의 통치 이데올로기와 위엄을 나타낸다. 1426년(세종 8년)에 집현전 학자들이 '광화문'으로 이름을 바꾼다. '광화'는 《서경》에 나오는데 군주의 덕을 '빛'으로, 바른 정치를 '화'로 하여 군주의 덕이 사방으로 덮이고 바른 정치가 만방에 미친다는 뜻이 된다.

군주의 통치철학과 정책은 정문으로 나가면서 현실화되고, 외부의 여론이나 정보가 들어오는 것을 여과하고 통제하며, 유능한 인물들이 들어오는 통로가 된다. 왕이 근정전 용상에 앉으면 근정문·홍례문·광화문을 일제히 여는 것이 원칙이었다 한다. 모든 문이 열리면 왕은 광화문 중심과 육조거리를 거쳐 멀리 남쪽까지 백성들이 생활하는 모습을 실제적으로 또 상징적으로 살필 수가 있게 된다. 문을 열어서 사방의 어진 사람들을 들어오게 하고, 문을 닫으면 괴이한 말을 퍼뜨리는 부정한 백성을 거절할 수 있게 된다.

정도전은 정문으로 이름을 짓게 된 배경을 다음과 같이 밝힌다.

"천자와 제후가 비록 그 형세는 다르지만 남면하고서 정치를 하는 것은, 모두가 정(正)으로서 근본을 하니 … 명령과 정교가 반드시 이 문을 통해 나갈 때 살펴서 신실한 뒤에 나가게 하면 참설(讒說)이 행하지 못하고 거짓이 의탁할 곳이 없으며, 복주(覆奏)하고 복역(復逆)이 반드시 이 문을 통해 들어오니, 살펴서 신실한 뒤에 들어오게 하면 사벽한 것이 들어올 수 없을 것이고 공적(功績)도 상고할 수 있을 것이다. 그리고 이 문을 닫아 이언(異言)하는 기사(奇邪)한 백성을 끊고, 이 문을 열어 사방의 어진 이를 오게 하는 것, 이 모두가 정의 큰 것이다."[40]

왕의 궁궐의 정체성과 백성의 외부세계·현실세계가 소통하는 가장 중요한 길목에 위치하기에 문의 형태 또한 정치적 상징성을 띤다. 석축 기단에 3개의 홍예문을 만들고 그 위에 중층의 목조문루로 이루어진 위풍당당한 모습으로 되어 있다. 가운데 문은 왕과 왕비만 출입할 수 있고, 문 천장에는 군주를 상징하는 주작이 그려져 있다. 동쪽 문에는 기린이 그려져 있는데 군주의 인과 덕을 상징하고, 서쪽 문에는 영귀가 그려져 있는데 군주 권위의 상징적 재현이다.

광화문을 나서면 육조대로와 연결되는데 군주는 북쪽에 앉아 남면하고 그 왼쪽에는 의정부, 이조, 한성부, 호조를 오른쪽에는 예조, 사헌부, 병

---

40) 민족문화추진회, 1997, 《삼봉 정도전 1권》, p 261.

조, 형조, 공조를 배치한다. 군주의 통치 이데올로기와 권위가 행정관아를 통해 시각화되고, 외부세계와 만나는 출발점으로서 군주와 백성이 소통하는 공간이 된다. 광장의 정의에서 '건조환경'으로 둘러싸인 공간이라 할 때 주변 건축물들은 광장의 성격을 규정하는 핵심 개념이다. 조선시대는 민본주의가 실천되나 백성이 권력의 주체는 아니었기에 행정관 아들로 둘러싸인 육조대로는 통치의 쌍방성보다는 일방성으로 규정되는 과시형 광장으로 볼 수 있다. 특히 이름이 육조대로로 관청을 내세워 지어진 것은 정도전이 실천하고자 한 '군·신공치제'에서 연유할 것이다.

태조가 조선왕조를 개국할 때 정도전 등의 신흥사대부의 협력과 지원이 절대적인 도움이 된 것은 주지의 사실이다. 태조의 정도전에 대한 신임은 술만 취하면 정도전을 불러 곁에 앉히고 '태조가 왕위에 오른 것은 오르지 정도전의 덕'이라고 입버릇처럼 말했다는 사실에서도 확인이 된다. 뿐만 아니라 정도전에게 '정치'와 더불어 '병권'마저 맡기는 것에 반발하는 신하들에게 "도전은 내 팔다리와 같은 신하로서 시종 한 마음을 지닌 자다. 도전을 못 믿는다면 도대체 누구를 믿는다는 말이냐."고 물리쳤다고 한다.[41]

신하들과의 권력분점(군신공치제)은 태조실록에 "과인이 천직을 대신해서 천물을 다스리고 있으나, 나 홀로 다스릴 수가 없어서 재상들과 더불어 다스리는 것이다."고 왕이 인정하는 발언에서 보듯이 사실이다. 권

---

41) 이규태, 1993,《이규태의 600년 서울》, p 148-150.

력분점의 원리를 제도적 차원에서 정도전이 구체화하는데, '재상정치론'으로 명문화한다. "이상적 유교 통치를 구현하고 있는 원리인 재상정치론 속에서 국가권력은 삼분된다. 군주는 국가의 최고 존재로서 상징적 권력과 함께 재상 임명권을 지니고 있고, 재상은 군주의 명령을 받아 국가를 실질적으로 통치해 낼 권한을 지니고 있다. 그리고 간관(諫官)은 왕의 인사를 견제하고, 군주와 재상의 통치행위를 감시할 권한을 보유하고 있다. 이것이 곧 군신공치제의 핵심적 구조이다."[42]

광화문이 왕의 권위와 위엄을 상징한다면, 육조대로의 명칭과 배치된 중앙관아는 신하들의 권한과 왕과의 협력관계를 공간적으로 재현하는데, 르페브르가 명명한 '공간재현'으로서 공간 조성자들의 이데올로기와 의도를 살펴볼 수 있다. 육조대로의 육조의 모습을 보고 정도전은 "벌어 있는 관서는 높고 우뚝하여 서로 향하니 마치 여러 별들이 북극성을 둘러싼 것 같다."고 묘사한다. [43]

정도전이 한양의 도성과 궁궐, 도로를 설계하고 건설하는데 유교 경전인 주례에 입각했음에도 불구하고 곳곳에 풍수지리적인 요소가 혼재되어 있다. 고려의 통치 이데올로기가 불교와 풍수였으므로 고려 때 신흥사대부인 정도전[44]이나 다른 개국공신들도 풍수에 대해서는 상당한 지식이 있고,

---

42) 하상복, 같은 책, p 99.

43) 서울역사편찬원, 2021, 《광화문 앞길 이야기》, p 14.

44) 정도전이 살던 집이 수송동에 있었는데 《한경지략》에는 정도전 집의 서당, 안채, 마궐이 있던 자리가 모두 풍수설에 맞추어 지은 것이라고 나온다.

한양으로의 천도 과정에서도 태조가 풍수지리에 바탕한 후보지 조사보고서를 올리도록 정도전 등에게 명령한 사실은 풍수의 영향력이 그때에도 상당하다는 것을 보여 준다. 무학대사의 대화재와 왕위찬탈의 경고에 대한 두려움 때문인지는 몰라도 도성과 궁궐 곳곳에 화재대비 흔적이 있다.

먼저, 육조대로의 방향도 광화문에서 130m 정도만 관악산을 향하고 나머지 지점부터는 종로거리와 직각으로 만나게 꺾어서 만든 점이나 광화문 네거리에서 숭례문까지 직선의 주작대로를 만들지 않고 종로를 통해 보신각에서 다시 꺾이는 '정(丁)' 자 형태의 희한한 도로를 만든 것도 관악산의 화기가 직접, 직선도로로 바로 들어오는 것을 막자는 의도로 보인다.

광화문 네거리도 옛 이름이 '황토현'인데 지금은 평평하지만 흙으로 낮은 언덕을 돌아 놓았던 사실이나 숭례문의 현판을 가로가 아닌 세로로 세워 놓은 점, 숭례문 앞에 '남지'[45]라는 연못을 만들고[46] 광화문 앞에 불을 먹고 산다는 '해태'[47] 두 마리를 세워 두었는데 불꽃 모양의 관악산을 바라

---

45) 조선 성종 때 정승 한명희는 이 '남지'가 한양을 정할 때 모화관 밖에 서지(西池)를 숭례문 밖에 남지를 판 것은 풍수에 의한 화기를 진압하기 위한 것인데, 최근 불이 많이 나는 것은 남지가 메워져서 그런 것 같으니 다시 파서 연못을 만들 것을 왕에게 상소한다. (이규태, 1993, 《이규태의 600년 서울》, p 90.)

46) 현재 숭례문 옆, YTN 사옥 앞 보도에 표지석이 있다.

47) 해태는 대원군이 경복궁 중건 도중 불이 자주 나자 풍수상 물에 사는 짐승인 해태를 관악과 맞보게 했다는 것이 상식적으로 받아들여지나, 해태는 풍수와는 전혀 상관없는 상상 속의 짐승이라는 주장도 있다. 중국 문헌에 따르면 곡직(옳고 그름)을 판단하는 충직한 짐승으로 해태는 사법의 상징으로 법을 다스리는 수령 등도 해태관과 해태를 흉배에 수놓는 옷을 입었다 한다. (이규태, 같은 책, p 356-358.)

보고 있고, 관악산의 화기를 직접 잡기 위하여 관악산 줄기 금주산 위의 우물에는 구리와 용을 묻은 모든 조치들이 화재 예방조치의 일환이다.

대원군이 경복궁을 중건할 때도 지관을 불러다 방위를 볼 뿐 아니라 관악산의 불길을 제어하기 위하여 다양한 방법[48]을 쓴 기록이 경복궁영건일기에 자세히 나온다.

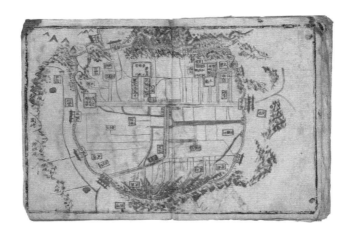

그림 14 서울역사박물관, 천하산천도(한양), 경복궁에서 나온 길이 종로에서 꺾여 보신각에서 남대문로와 만나서 숭례문으로 가는 한자로 '정(丁)' 자 형태를 한 도로모습

---

48) 국역《경복궁영건일기 1》, p 26-28(서울역사편찬원)에 보면, 배 깃발을 근정전 월대 위에 꽂아 두고, 관악산에서 나무를 배어 숯을 만들고 그 숯을 경회루 북쪽 제방 위에 주역에서 물을 상징하는 감괘 모양으로 묻고, 전각 상량 시에 함께 올린 순은으로 된 육각모양의 돈 여섯 귀퉁이에 수(水)라는 글자를 새겼으며, 근정전과 경회루의 단청은 용과 구름 형상을 하였는데 모두 불기운을 제압하려는 뜻이 있다.

1931년 조선총독부 촉탁으로 근무한 무라야마 지준이 쓴 책《조선의 풍수》에는 다음과 같이 적혀 있다.

"… 풍수가 적어도 십 수 세기란 오랜 기간 한국 민속신앙 체계에서 그 지위를 점해 왔고, 고려를 거쳐 이조에서도 반도 어디를 가나 믿지 않는 자가 없을 정도로 일반에 보급되어 오늘에 이른 것이므로 타 문화에 비해 그 지지의 강함과 폭이 넓은 것을 인정하지 않을 수 없다."

조선시대 지리학 시험에 풍수과목이 있었다는 사실은 풍수가 단순히 풍수사들의 요상한 궤변이 아니라 정식 학문 과목이었다는 것을 알려 준다.

태조가 여말의 혼란을 극복하고 조선을 개국할 때 음양과 불교에 관심을 두는 것에 대하여 여말의 저명한 유학자인 최자가 경계하는 말을 올린다. "전(傳)에서는 '혼란스러울 때는 문(文)을 닦아 인심을 얻어야 한다'고 말했습니다. 국왕은 전쟁을 치르면서도 반드시 문덕(文德)을 닦아야 하는데, 불교와 음양에 의지해 천하를 얻은 사례는 들어 보지 못했습니다." 태조가 대답했다. "짐이 그 말을 어찌 모르겠는가. 그러나 우리나라는 산수가 영험하고 기이하며 백성들은 거칠고 궁벽한 곳까지 거주하고 있다. 본래 성향이 불교와 신이(神異)를 좋아해 거기서 복리(福利)를 얻으려고 한다. 지금 전란이 그치지 않고 안위가 결정되지 않아 한시도 마음을 놓을 수 없으니, 오직 불교와 신이의 도움과 산수의 영험한 응답을 받아 조금이라도 효험이 있기를 생각할 뿐이다. 어찌 이것이 나라를 다스리고 백성을 얻는 큰 방법이겠는가. 전란이 안정되고 평화가 찾아오면 반드시 풍속을 바꾸고 아름답게 교화할 수 있을 것이다."[49]

이성계의 입장에서는 고려왕조 몇백 년 동안 정치, 경제, 사회에 지대한 영향을 미쳤던 불교와 풍수지리를 하루아침에 부정하기 어려웠을 것이다. 태조 왕건이 불교와 풍수지리를 국가 통치이념으로 받아들인 것도 지배관계의 안정을 위한 절충인 것과 같은 맥락이다.

고려 왕건은 훈요십조 첫 조항에 "국가의 대업은 여러 부처의 호위를 받아야 한다. 따라서 선종과 교종의 사찰을 개창하고 승려를 거기에 파견해 불법을 전파해야 한다"고 불교를, 5조에서는 "나는 우리나라 산과 강의 도움으로 통일의 대업을 성취했다"고 풍수를 강조한다. 이런 조항들은 지배적 사회집단(교종과 연합한 진골과 선종·풍수지리설에 가까운 지방호족 두 세력)을 포섭하여 권력의 합법성의 원천을 찾은 것으로 보인다.[50]

조선시대 광화문 앞 육조거리와 함께 살펴볼 공간이 종로 운종가이다. 육조거리와 수직으로 교차하면서 동서로 길게 뻗은 종로거리에 형성된 시장은 광장의 공간적 연장으로 확대 인식할 수 있다. 조선의 한양에 조성된 종로 일대의 운종가는 상설장이 들어선 곳이기에 물자뿐만 아니라 생활정보, 나아가 나라 정치 사정 등이 교류되던 대표적인 공공공간이다.

서구광장의 역사를 보면 그리스의 아테네 '아고라'의 경우에도 물품의

---

49) 존 B. 던칸, 2013, 《조선왕조의 기원》, p 350.
50) 존 B. 던칸, 같은 책, p 36-37.

교류를 목적으로 하는 시장이 주된 기능이었다. 중세의 대부분의 광장에서도 시장기능은 핵심적인 광장의 요소였다는 점을 생각한다면 공적 문제를 논의하고 물자를 교류하며 생활정보를 교환하던 장터는 광장은 아니지만 대표적인 공공공간이다. 생필품을 확보하고 팔기 위하여 많은 사람들이 불가피하게 모일 수밖에 없는 조건은 지배층에게나 피지배층 모두에게 공통의 공론장을 형성할 기회를 주는 것이다.

백성들 입장에서 정부에 대한 불만과 저항하는 내용이 있을 경우 주모자가 드러나지 않게 사발통문[51]을 통해 집단적 의사표현을 하였다 한다. 몰래 장터 곳곳에 붙여 놓은 양반이나 벼슬아치에 대한 착취나 핍박 내용은 순식간에 많은 사람들에게 전파될 수 있는 것이다.

정부에서도 백성들에게 전달할 내용이 있을 때는 장터에 방을 붙여 공지하면 많은 사람들에게 손쉽게 전달할 수 있었다. 나라의 정책에 대한 백성들의 의견도 모으고 백성들의 생활상도 살필 수 있는 것이다. 때때로 왕실의 권위에 도전하는 역모자들을 공개적으로 장터에서 처형하여 사람들에게 반역의 꿈을 접도록 하기도 한다.

---

51) 황문순, 2016, 《조선시대 장터에 가다》, 통문은 한 사람이 목적지까지 가는 것과 일정한 거리마다 사람을 바꿔가며 전달하는 두 가지 방법이 있었다. 그중 사발통문은 호소문이나 격문을 쓸 때에 누가 주모자인지 알지 못하도록 서명에 참여한 사람들의 이름을 사발의 테두리에 먹을 칠해 종이에 찍고, 그 원 주위에 이름을 돌려가면서 쓴 통문을 일컫는다. 어떤 사람이 내용을 전달받았고, 그 소식이 잘 전해지고 있는지를 확인할 수 있다.

MAIN STREET IN MODERN SEOUL.

To face p. 337.

그림 15 서울역사박물관, 1911년, 종로 번화가 일대

종로와 그 중심부에 해당하는 종각 일대는 소통형 광장으로 볼 수 있는데 세종대왕 때를 제외하고는 육조거리보다 그 역할이 더욱 중요해진다. 임진왜란으로 경북궁이 불에 타 버리면서 행정기능은 육조거리에 그대로 수행되고, 왕이 있는 창덕궁·창경궁 중심으로 행사가 진행된다. 특히 창덕궁에서 종로까지 이르는 길에서 민의수렴이 이루어진다.

특히 왕이 궁궐을 나서 조상묘를 찾아뵈는 '능행'을 행할 때, 백성들이 왕의 행렬 앞에 직접 나아가 억울함을 호소하는 '상언(上言)과 격쟁(擊錚)'이 가능했던 민의 수렴장소가 운종가에 세곳 형성되어 있었다고 한다. 어가(御駕)가 창덕궁 돈화문을 나와 종로와 교차하는 지점인 파자교 앞, 파자교 앞에서 종로를 따라 서쪽으로 가다가 탑골 부근이 되는 철물교 앞, 그리고 종로와 육조거리가 마주치는 지점인 혜정교 앞이 그것이다.[52]

---

52) 김백영, 2011, 〈식민권력과 광장 공간〉, 《사회와 역사》 제90집, p 284-285.

2.
일제강점기
: 동화주의광장

　"식민지 공론장은 식민당국의 지배전략에 종사하도록 식민지민의 사고방식과 행위 양식을 규율하는 이데올로기적 플렌테이션(ideological plantation)이다." 송호근은 식민지민의 저항 의식·수준과 일제의 통치전략의 변화를 기준으로 1910년부터 1945년까지 식민지 공론장을 구분하였다. 1910년부터 '전제적 공론장' 1920년부터 1937년까지 '회유적 공론장', 나머지 기간을 '총체적 탄압이 이루어진 헤게모니적 공론장'으로 구분했다.[53] 시기별 공론장의 유형 구분을 광장의 유형과 대비시키면 일제는 식민지배기 내내 과시형 광장을 만들고 공간재현을 시도하였고 조선의 민중은 이를 저항형 광장으로 지각하고 이용하는 공간의 모순이 발생한다. 과시형 광장으로 대표적인 장소는 육조거리 일대, 경성부청 앞 광장, 조선은행 앞 광장, 조선신궁 앞 광장이고, 저항형 광장은 대안문 앞 광장, 종로 보신각 일대, 파고다공원 등으로 볼 수 있다. 조선 민중의 의식이 계몽되고 주체정신이 커지면서 비록 과시형 광장으로 조성되고 활용되던

---

53)　송호근, 2020, 《국민의 탄생 : 식민지 공론장의 구조변동》, 민음사, p 131.

공간도 저항형 광장으로 전유되기 시작한다. 일제는 '이데올로기적 플렌테이션' 작업을 진행하면서 '동화주의'를 동원한다.

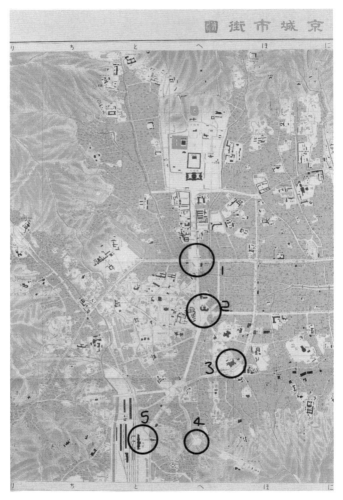

그림 16 서울역사박물관, 경성시가도, 1. 광화문 앞 광장, 2. 시청 앞 광장, 3. 조선은행 앞 광장, 4. 조선신궁 앞 광장, 5. 서울역 앞 광장

식민지 조선과 그 백성들에 대한 일제의 접근은 다른 유럽 국가들의 식민지에 대한 것과는 달랐다. 유럽 제국주의 식민지들은 역사적으로 선진국에 비해 경제·문화·정치 등 전체적인 면에서 뒤처져 있었기 때문에 경제적으로 유인하거나 무력으로 복종시키면 되었다. 대조적으로 조선의 경우에는 일본의 명치유신으로 근대화하기 이전까지만 하여도, 조선이 문화적으로 문명적으로 여러모로 일본보다 앞서 있다는 정서가 민중에게 지배적이었다. 일제는 조선 민중의 '마음'을 얻지 않고는 식민지 통치가 쉽지만은 않을 것이라는 점을 자각한다. 제3대, 제5대 조선 총독으로 근무했던 사이토 마코토에게 전해진 다음의 편지가 그들의 고민을 적나라하게 보여 준다.

"조선 통치는 조선인의 마음을 얻는 것이 제일이 아닐 수 없습니다. 적어도 조선인의 마음을 잡지 못한다면 아무리 물질적으로 개선해 주어도 조선인은 더욱 적의를 품고 기회가 있을 때마다 조선의 독립을 꾀해서 안팎으로 고충이 끊이질 않을 것입니다." [54]

일제강점기 지배 이데올로기가 무엇이냐는 것에는 다양한 의견이 있을 수 있고, 또 같은 대상을 달리 표현할 수도 있을 것이다. 내선일체, 일선동조론(日鮮同祖論), 황국식민화 등은 조선인의 민족정기를 말살하고 정체성을 부정하여서 식민지배체제의 공고화를 위한 논리로 만들어진 것이다. 이를 통칭하여 '동화주의(同化主義)'라고 표현하는데, 표면적으로

---

54) 송호근, 같은 책, p 129.

는 일본과 조선은 같은 혈통, 조상을 가진 하나의 체제라는 주장이다. 하지만 내면적으로는 일본과 일본인의 식민지 지배를 정당화하고 우월성을 주장하고 조선인에 대한 차별과 배제를 전제로 시행된 이중적인 통치전략을 숨기기 위한 기만술에 다름 아니다. 일제는 동일한 조상과 동일한 뿌리를 말하면서 조선의 시조를 일본의 시조인 태양신의 동생으로 가공하는 등[55] 고대신화나 전설들을 재구성하고 일본의 조선에 대한 역사적 우위성을 주장하는 것이다.

일본의 동화주의 실천의 또 다른 예가 총독부청사 중앙홀의 남북벽면에는 선녀 전설을 빌어 '내선일체'를 상징한 서양화가 와다 산조의 벽화 '하고로모(羽衣)'이다. 일본의 시즈오카현 미호에 있는 '하고로모의 소나무' 전설과 한국의 '선녀와 나무꾼'이 같은 내용이라는 주장의 표현일 것이다.

동화주의에 덧붙여 식민지배의 정당화논리로 '문명개화론'이 등장한다. 문명화된 일제가 사회적인 진보가 없이 정체된 조선사회를 발전시켜 문명국으로 만든다면 조선에 있어서도 좋은 일이다는 논리이다. 이는 서유럽이 아시아와 아프리카를 지배하면서 이용한 '오리엔탈리즘'이라는 문명의식을 차용하고 변용한 것이다. 계몽된 서양세계가 야만의 세계를 문명화한다는 주장으로 동양은 '자치'의 역사가 없으므로 '자치'의 역사가 발전한 서양에 의한 동양 지배는 정당하다는 주장인데, 서유럽에 의해 문호를

---

55) 호사카 유우지, 2002,《일본제국주의의 동화정책분석》, p 35. 일본의 조상신 아마테라스 오오미카미의 동생 수사노오노 미코토가 조선의 시조라는 이야기를 동화정책의 일환으로 학교에서 강의하였다.

개방하고 명치유신으로 근대화를 추구하던 일제는 이러한 서양의 문명론을 수용하여서 '문명개화론'으로 조선에 대한 일제의 지배, 나아가 아시아에 대한 지배를 정당화하는 논리를 만든 것이다.[56]

동화주의 또는 동화정책은 프랑스의 식민지 경영에 기원을 두고 있다고 한다. 식민지 국가를 식민모국과 같은 제도를 시행해 통합을 하고 식민지에 사는 사람들을 식민모국에 사는 사람들과 같은 권리와 혜택을 주자는 것인데, 일제의 동화주의는 조선을 대륙침략의 전초기지이자 경제적 수탈지로 만들기 위하여 조선의 인민들을 '황국신민'으로 육성하는 데 목표가 있다.[57]

'동화주의'와 '문명개화론'에 저변에 깔고 일제는 자신들의 통치의 정당성을 주장하기 위하여 조선왕조의 정통성을 부정하여야 하였고, 조선왕조의 정치·경제·문화 등 각 분야의 중심인 수도 한양의 공간구조를 재편하는 작업에 착수한다. 일제는 동화주의 이데올로기를 공간적으로 실천하기 위하여 계획적으로 움직인다. 먼저 도시계획을 통하여 서울의 중심축을 변경하고, 시구개수사업을 통하여 도로 신설과 개보수를 행한다. 중심축과 도로배치의 변경은 경제적 침탈과 대륙침략을 용이하게 하는 조선 통치의 필요성도 있었다. 육조거리·대안문광장·남대문통의 본정통(충무로) 중심의 조선은행 앞 광장·남산의 조선신궁광장 주변의 건축환경을 개조하고 그곳에서의 행사와 의례를 통하여 조선의 정신적 지배

---

56) 하상복, 2010, 《광화문과 정치권력》, p 182-183.
57) 하상복, 같은 책, p 166.

를 가시화해 나간다.

　우선 조선왕조의 축의 부정과 새로운 일제의 축의 조성작업이 진행된다. 새로운 축은 총독관저, 조선총독부, 경성부청사, 조선신궁으로 이어지는 '대일본천(大日本天)'을 가리킨다. "도시의 축은 길이고, 길은 권력의 통치의도에 따라 계획되는 것"[58]이다. 일제는 먼저 도심의 중심축을 조선왕조의 한양 천도 시에 설계하였던 북악산에서 관악산까지 직선으로 이어지는 방향을 총독부청사의 건립 시 남산 쪽으로 틀어서 새롭게 설정하였다. 총독부청사의 중심선이 관악산이 아닌 조선신궁이 있는 남산으로 그어짐에 따라 그 선상에 경성부청사, 조선신궁이 놓이게 된다. 조선총독부 '신영지(新營誌)'에는 "경복궁의 중심선은 서쪽으로 기울어져 있다. 총독부를 광화문 중심선과 맞추면 중심선과 어긋나 위용을 살리지 못한다. 태평통의 도로 중심선으로 새 청사의 중심을 삼았다."고 의도적으로 축을 변경하였음이 역사적 사실로 기록되어 있다.

　대일본천의 글자 순서대로 설명하면 우선 한자로 '대(大)' 형태의 총독관저이다. 총독관저는 1937에 오늘날 청와대 구본관 자리를 부지로 선정하고 1939년 완공 후 6대 총독 미나미 지로가 관저로 사용하기 시작한다. 청와대 홈페이지에는 북악산의 정기가 이어지는 용맥인 능선을 끊기 위해 해당 건물을 한자 클 대(大) 자 형태로 지어졌다는 풍수적 해설이 있다. 대일본천의 새로운 축의 시작점인 것이다. 조선왕권의 상징인 경복궁

---

58)　김혜정, 2015, 《건축을 읽는 7가지 키워드》, 효형출판사, p 174.

의 앞으로는 총독부를 뒤로는 총독관저를 만들어 앞뒤에서 민족정기를 숨 막히게 하려는 시도이다.

다음은 한자 '일(日)' 자 형태의 조선총독부 건물 건립과 총독부 앞 도로 등의 확장이다.

일제는 한성부를 경성부로 이름을 바꾸고 경성부를 경기도에 편입시키고 행정구역도 대폭 축소하는 수도 한성부 위상 격하 조치를 단행한다. 식민통치를 행할 정부기구로서 조선총독부는 남산의 통감부청사를 사용하지만 조선 지배를 위한 조직과 인력을 수용할 수 없는 규모였다. 총독부 신청사 건립의 필요성은 자연스럽게 제기되었고, 새로운 총독부청사의 위치는 그 상징성 면에서 조선 지배에 있어 정당성을 주장하는 데 결정적 요인이다. 부지 선정함에 있어 테라우치는 다른 곳보다도 경복궁을 택한 것도 그런 연유가 우선한다. 조선왕조의 정통성이 공간화되어 있고 조선의 수도의 중심부인 경복궁에 일제의 상징인 조선총독부를 짓는 것은 조선왕조의 부정과 새로운 식민권력의 정당성을 조선인들에게 가시적으로 보여 줄 수 있는 극적인 스펙터클이다. 메이지 유신 이후 출범한 일본의 근대국가는 도쿄를 기어츠의 '국장국가'의 무대로 연출하면서 국가의례 펼쳤던 경험을 조선에서 재현하였는지도 모른다. 르페브르의 주장대로 지배층의 이데올로기가 '공간으로 재현'된 것이다.

영국의 교육자로서 H. B 드레이크의 《조선시대의 생활상》이란 1930년에 출간된 책자에 실린 다음 글은 총독부 건물 건설의 의도를 웅변처럼 밝히고 있다.

"정부청사는 더 매혹적인데, 중앙을 돔 모양으로 지은 웅장한 화강암 건물이다. 정부청사는 널찍하고 골목길에 인접해 있어서 목을 긴장시키지 않고도 그의 장중한 규모를 감상할 수 있다. 실내는 시원하고 넓었으며 중앙 홀에는 조선의 채석장에서 캐낸 아름다운 대리석들이 원주 모양으로 깔려 있다. 모든 것이 만족스럽게 자리 잡고 있다."

"뒤편에는 북쪽으로 산봉우리들이 이빨 모양으로 솟아 있다. 산은 황량하고 어두운 배경과 대조적으로 청사는 새하얗게 양각되어 있다. 그러나 그림같이 빼어난 대비보다 더 매혹적인 것은 그것의 위치이다. 그 지점은 보다 음산한 대조를 강조하기에 가장 정확한 위치이다. 그 견고한 백색 건물은 넓고 곧은길을 가로질러 장벽처럼 서 있었기 때문에 그 뒤에 있는 조선에서 가장 중요한 왕궁을 가로막아 버렸다. 그것은 고의적으로 취해진 조치였으며 결코 우연의 상징이 아니었다. 그 취지는 의도된 것이다. 그것을 과거를 차단한 현재일 뿐 아니라 일본이 조선을 봉쇄해 버린 것이다. 그것은 세계적인 추세이며 회피할 수 없는 일이었다."

총독부를 짓기 위한 사전작업으로 1911년에 경복궁 부지의 소유권을 총독부로 이관하고 1912년에 청사설계가 시작되고 1916년에 기공식을 연다. 일제는 병합 이후에 자신들의 치적에 의하여 조선이 발전하였음을 알리는 목적으로 1915년 9월 11일부터 10월 30일까지 51일간 '시정 5주년 기념 조선물산공진회'를 경복궁 근정전 앞에서 개최한다. 50여 일의 전시기간 동안에 1백만 명이 넘는 관람객이 방문했다. 이 행사를 위하여 경복궁 내 많은 건물과 시설을 훼손하였다. 금천과 홍례문을 철거하였고 전국의 명산물과 문화재를 전시하고, 세종로에는 홍보용 일본식 불탑을 장식한다. 근정전 옆에는 돼지우리와 화장실을 만들었고, 초대 총독 데라우치는 근정전의 용상에 앉아서 개회사를 낭독한다. 그다음 해에는 조선총독부 건립계획을 확정하여 발표한다. [59]

일제는 식민통치의 우월성을 선전하기 위하여 박람회를 활용하였는데 경복궁에서 수차에 걸쳐서 개최한다. 1915년에 경복궁에서 열린 조선물산공진회에서 총독 데라우치가 개회사에서 "본 공진회 개최의 취지는 … 신구시정(新舊施政)의 비교대조를 밝혀 조선 민중에게 신정(新政)의 혜택을 자각하게 하고…"[60]라고 공진회의 의도를 밝힌다.

경복궁 파괴는 지속적으로 진행되는데 경복궁 건물을 헐어 일본인 주택, 요리집을 짓는 데 불하하거나 방매하였다. 또한 전각을 헐어 별장을 짓고, 건축자재들을 가져다 도쿄에 사설박물관을 짓는 데 사용한다. 1929년 9월부터 한 달간 조선박람회를 경복궁에서 개최한다. 이를 계기로 근정전, 경회루, 향원정 등 10여 개의 건물을 제외한 모든 건물을 철거하여 경복궁을 멸실한다. [61]

---

59) 서울특별시, 2005, 《세종로 이야기》, p 77.

60) 서울역사박물관, 2009, 《광화문연가》, p 48.

61) 서울특별시, 같은 책, p 85.

그림 17 국립고궁박물관, 경복궁에서 열린 1915년 조선물산공진회 모습

그림 18 서울역사박물관, 조선물산공진회 당시 광화문 앞길에 배치된 전등장식 모형탑

총독부 건물은 1926년에 완성되는데 경복궁의 정전인 근정전 바로 앞에 위치하고 규모는 길이 128.3m, 폭 68.7m, 지붕은 돔 형태의 지상 4층, 지하 1층의 철근, 화강암, 콘크리트로 만들어진 건물이다. 근정문과 근정전 사이에 건립되어 경복궁의 혈맥을 누르는 형국이다. 항공에서 바라보면 정확히 한자로 '일(日)' 자 형태의 건조물이다.

형태나 규모뿐만 아니라 총독부의 방향에서 그들의 저의를 읽을 수 있다. 경복궁 전각 배치의 중심축과 다르게 약간 동쪽으로 빗겨 앉혀 남산의 신궁을 바라보게 한 것이다. 총독부의 새 방향과 철거되기 전의 광화문의 방향이 엇갈리게 배치되어 있는 것이 사람들에게 드러나기 때문에 광화문도 철거하려다 반대 때문에 이전하게 된 것이다. 이전 후에는 광화문통의 방향도 총독부 방향에 맞게 변형한다.

총독부 건물 건립 전에 육조거리의 명칭을 1914년에 광화문통(光化門通)으로 바꾸면서 조선왕조의 군·신공치제와 민본주의를 실현하던 공간을 조선인들의 식민통치를 위한 동화주의를 구현하는 공간으로 변형한다. 조선의 관아는 사라지고 식민지 지배를 위한 조선총독부, 체신국, 광화문 전화국, 경기도청, 경찰관 강습소 등이 대신 자리 잡는다. 1912년 고시된 '경성시구개수예정계획'에는 황토현을 없애고 너비 100m, 길이 220m의 광장을 계획하고 동시에 태평통을 직선화하고 폭 27m, 길이 1009.1m로 확장한다. 확장 시에 육조거리의 중심에 맞추지 않고 도로의 우측 끝선에 맞추어 설계하면서 도로에 편입된 덕수궁의 동쪽 궁역이 크게 축소되게 된다.

그림 19 서울특별시, 서울 중앙청 전경 항공사진, 한자로 '일(日)' 자 형태를 보인다.

그림 20 서울역사박물관, 경성부 조선총독부 건물

총독부 건물이 들어선 후 세종로 양측 경계선에 대한 지적 분할을 하고 총독부 축에 맞춰 세종로는 10m 정도 동쪽으로 틀어지게 만든다. 총독부 건물의 중심축에 맞추어 도로선을 유지하고 태평로를 그 축에 맞추어 한쪽으로 확장하다 보니까 경운궁의 담을 헐어 버리고 경운궁의 정문인 대안문을 뒤로 물리게 된다. 1927년에 광화문을 경복궁 동측 건춘문 옆으로 옮기고 광화문이 있던 자리를 총독부광장으로 부른다. 1936년에는 광화문통의 너비를 45~55m에서 53m의 일직선 도로로 만든다.[62]

한자로 '본(本)' 자 형태의 경성부청사는 1924년부터 1926년에 건립된다. 원래 충무로1가 입구인 신세계백화점 일대에 있던 경성부청사를 경성일보사 자리로 이전한 것이다. 경성부청사는 한자로 '본(本)' 자형 평면 구조를 가지고 있다. 조선신궁과 조선총독부를 연결하는 선상의 중앙이자 동시에 경운궁과 원구단 사이에 위치시키면서 대한제국의 권위를 떨어뜨리려는 저의를 읽을 수 있다.

〈은뢰〉[63]에는 경성부청사 사진 아래 "쨍쨍 태양이 비치고 햇빛이 튄다/화감암의 4층 건물/모던한 모자를 쓴 높은 탑"이라는 청사를 현대적으로 묘사하는 시가 개제되어 있다.

---

62) 서울역사박물관, 《광화문연가》, p 40.
63) 〈은뢰〉는 조선신궁 진좌 10주년을 기념하여 발간된 사진집(1937년)인데, 식민지 건축의 새롭고 쾌적한 외관과 조선왕조 시대의 낡고 사라질 것 같은 건물의 외관을 대비하는 형태로 사진을 배치하여 식민제국의 우월성과 조선왕조의 열등함을 조선인에게 의식화하기 위해 만든 것이다.

그림 21 서울역사박물관, 경성부청사

그림 22 서울역사박물관, 경성부청사(서울시청사)와 광장, 한자로 '본 (本)' 자 형태를 띤다.

대일본천의 마지막에 해당하는 조선신궁을 건립한다. 신궁의 입구에 들어가는 문의 형태가 한자 '천(天)'에 해당한다. 동화주의 이데올로기를 실천하여 조선인의 정신을 지배하기 위하여 일제는 종교정책에 우선순위를 둔다. 조선총독부는 한국을 강점하는 순간부터 일본의 신사제도, 국가신도를 이식한 동화정책을 쓰기 시작하는데 1910년부터 시작하여 1925년 남산에 조선신궁을 건립한다. 일본 전국신직회에서 1910년에 "조선반도에서의 신사제도에 대하여"라는 주제 강연에서의 발표된 다음 구상을 보자.

> "한편으로는 정치상 선정을 펴서 회유를 도모함과 동시에, 한편으로는 교육상 점차로 훈도하여 황택(천황의 은혜)에 젖게 하는 것이 필연의 사업이며, 풍속관습상 저절로 이를 동화시키는 것도 또한 필요한 것이며 … 우리는 우리 민속의 중심인 신사제도를 조선반도에 시행하여, 동화의 실(열매)을 빨리 거두고 싶다."[64]

1912년에 예산을 계상하고 1925년에 남산에 조선신궁을 건립한다. 당시 목면산(남산)에는 조선의 왕실과 국가를 위해 제사 드리는 국사당이라는 호국사당이 있었는데 이 건물을 옮겨 버리고 3.1운동이 일어난 뒤 1919년 7월에 신궁의 건립지로 삼는다. 남산 중턱에 설립된 신궁은 경성의 시가지를 조망하고, 시가지에서도 잘 보이는 높은 곳에 배치된다. 신궁 입구의 문인 도리이는 모양이 한자로 하늘 '천(天)'이 되어 일본 제국주의의 '대일본천' 도심축의 마침표가 된다.

---

64) 김철수, 2010, 〈조선신궁 설립을 둘러싼 논쟁의 검토〉, 《순천향 인문과학논총》 제27집, p 166-167.

1919년에 일본 황실의 조상신 아마테라스와 메이지 천황을 모시는 조선신사를 남산에 창립한다는 내각 고시가 나오고, 1925년에는 이름을 조선신사에서 조선신궁으로 바꾼다.[65] 신궁은 신사 중에서도 최고의 위치를 차지하는 '사격(社格)'을 부여받은 것이다.

한일병합의 당위성을 확보하고 정당화하기 위해. 내선일체라는 동화주의를 공간적으로 재현하던 일제는 1930년대 들어서 대륙침략이 복격화되자 신사참배 의무화, 황국신민서사, 창씨개명, 궁성요배 등 황국신민화정책을 대대적으로 벌인다. 궁극적으로 황민화하는 작업을 전방위적으로 펼쳐 나간다. "절대로 총구를 일본 쪽으로 돌리지 않을 조선인, 아무 사심도 없이 천황을 위해 죽어갈 수 있는 조선인, 그야말로 궁극적으로 황민화된 조선인"[66]을 만드는 것이 목적이었다.

일제 시기를 통틀어 경성에서 광장으로서의 실질적 역할을 가장 많이 한 공간은 조선신궁 앞 신궁광장이었다. 1930년대 중반부터 각종 기념일 행사, 재향군인회 행사, 국방부인회 행사, 기원절 기념식, 전승 축하행사 등 군국주의적 무수한 행사가 개최된[67] 과시형 광장의 전형이었다.

---

65) 김철수, 같은 글, p 173.

66) 미야타 세츠코(宮前節子), 이형낭 역, 1997, 《조선민중과 황민화 정책》, 일조각, p 122.

67) 김백영, 2011년, 〈식민권력과 광장 공간 - 일제하 서울시내 광장의 형성과 활용〉, 《사회와 역사》 제90집, p 300.

Chosen Shrine, Keijo

그림 23 서울역사박물관, 한자 하늘 '천(天)' 모양의 조선신궁
도리이와 광장

그림 24 서울역사박물관, 남산 조선신궁광장과 전경

중심축의 변경, 도로 신설과 개보수와 더불어 도심 내 광장을 만들기 시작한다. 하지만 일본 제국주의자들은 역전광장을 제외하고 의도적으로 사람들이 많이 모일 수 있는 광장은 만들지 않았다. 식민통치 아래서 식민 당국의 전제적 통치력이 일방적으로 행사되고 강요되는 공론장으로서의 광장, 과시형 광장만이 존재하였다.

조선의 대안문 앞 광장 공간을 오랫동안 방치하여 북촌에 위치한 조선인의 공간의 낙후성을 보여 주게 한다. 1912년과 1919년의 도시계획안에 파고다공원 주변의 광장 공간이 들어 있었는데, 1919년에 3.1 독립운동이 시작되면서 파고다공원이 '조선독립운동의 발상지'로 인식되면서 대안문 앞 광장 공간과 더불어 일제가 의도적으로 관리를 소홀히 해서 방치한 또하나의 대표적 조선인의 공간이 된다.

일제강점기에는 사람들이 대규모로 모이는 서구식 광장은 체제선전과 계몽과 교육, 내선일체의 국민 통합적 목적의 조선신궁광장 외에는 없었다고 보아야 한다. 서울역 등 역전광장은 열차를 이용하러 오는 사람들의 혼잡을 분산시키기 위한 목적이었고, 조선은행 앞 광장이나 경성부청 앞 광장도 교통처리를 주된 목적으로 한 교통광장이었다.

특히 경성부청사 앞의 광장은 대한제국기의 대안문 앞 광장을 변용하여 창출된 공간이다. 대안문 앞 광장은 경운궁과 원구단으로 둘러싸인 대한제국의 자주적 개혁정치의 상징적 공간이었다. 고종의 지시로 '한성부개조사업'이 1896년부터 시작되는데 시내 주요 도로를 침범한 임시주택이 철거되고, 전기·전차·수도·공원 등 근대적 도시설비가 도입되기 시작했으며 경운궁을 중심으로 한 태평로, 을지로, 소공로가 만나는 방사형 도로망이 새로 구축되었다. 대한제국의 상징공간으로 원구단과 경운궁의 정문인 대안문[68]의 연결지점으로서 대안문 앞 광장이 1900년에 형성된다. 건립 이후에도 종로를 중심으로 한 북촌의 광장 공간에서는 독립협회의 활동이 수시로 열리고 특히 광화문[69] 앞거리는 만민공동회가 빈번히 열리는 공간이었다.

좀 더 구체적으로 살펴보면 러시아 공사관에서 경운궁으로 환궁을 하고 나서 고종은 대한제국을 수립한다. 1897년부터는 '한성의 도로 폭을 개정하는 건'이라는 내부령을 공포해 근대적 가로정비사업을 추진하는데, 이 사업은 한성판윤(서울시장) 이채연이 주도하는데 그는 1888년에 초대 주미공사 박정양의 수행원으로 워싱턴 DC에 부임한 이력이 있다. 이채연은 워싱턴 DC의 방사형 가로망과 광장 중심의 도시계획에 영향을 받은 것으로 보이는데 경운궁 대안문을 중심으로 방사형 가로망과 광장을 계획했다.[70] 황제권의 절대성을 공간적으로 표현하기 위하여 경운궁

---

68) 대한제국기의 덕수궁의 정문인 대한문은 동향을 하고 있다. 원래는 남쪽으로 난 인화문이 정전인 중화전이 건립되기 전까지는 정문의 역할을 하였는데, 환구단 건립으로 경운궁의 동쪽이 새로운 도심의 중심이 되면서 1906년에 대안문을 수리하고 명칭도 대한문으로 고친다. 여담이지만 무학대사의 동향으로 궁궐을 앉히라는 조언에 유사한데, 정전과 다른 전각들은 여전히 남향을 하고 있는데, 만약 모든 전각이 동향으로 건립되었다면 우리 근대사에 어떤 영향을 주었을지 궁금하다.

69) 김백영, 같은 글, p 287-290.

70) 최상철·한영주, 2020,《서울광장의 재조명》, 서울연구원, p 18-20.

을 중심으로 황제권의 권위를 상징하는 환구단을 맞은편에 건립하고 대안문 앞 광장을 조성했으며, 방사상 도로망계획을 추진했다. 현대적 의미의 광장이라기보다는 행사나 통행에 제공되는 넓은 공간이지만 외국 사신 영접, 고종의 장례식, 3.1 독립운동개최, 독립협회 활동 등 형태적 의미보다 활용론적으로는 광장으로 역할을 한다.

　조선총독부 1기 치도사업의 성과로 꼽히는 것이 광화문에서 덕수궁을 지나 남대문으로 이어지는 태평통과 덕수궁 앞에서 경성시가지를 동서로 관통하는 황금정통(을지로)의 조성이었다. 그 교차점에 근대적인 화강암으로 치장한 경성부청사를 만들고 그 앞에 광장 공간을 만든다. 서울특별시의 '시민광장 조성 기본계획 연구'에 의하면, 총독부는 1936년 총독부고시 제722호로 경성부청 앞의 삼각형 교차 공간 21,000㎡를 '광장'으로 지정했다. 서울에서 최초로 법적 지위를 갖는 광장은 경성부청 앞 광장이다.[71] 조선 통치를 효율적으로 수행하기 위한 주요기관을 연결하는 도로망을 정비하는 것은 제국의 메시지가 부산에서 경부선, 경성역으로 들어와 태평통을 올라와 조선총독부에 도달하고, 태평통과 황금정통의 두 가로를 통하여 동서남북으로 경성 전체에 퍼져나간다는 의미를 가지고 있었다.

　경성부청 앞 광장은 관제행사나 간헐적인 집회나 농성 장소로 쓰인 적은 있으나 광장으로서 적극적으로 활용되지는 못하였다. 1930년대 중반

---

71)　최상철·한영주, 같은 책, p 27.

이후로는 부민보건을 위한 라디오 체조의 공간으로 활용된다.

부청 앞 광장 외에도 일제는 일본인이 많이 거주하는 남산자락, 욱정통과 조선의 긴자 본정통 주변에 선은전광장(조선은행 앞 광장)을 만들었다. 북촌의 낙후된 조선인광장 공간과 대조적으로 서양식 랜드마크 건축물로서 조선은행, 경성부청사, 경성우편국, 거류민단, 상업회의소 등이 자리 잡았다. 이곳은 일제강점기 초기에 광장이라는 형태로 인식되는 최초의 공간이었다. 하지만 대부분의 경우 경성역에서 경성 시내로 통과하는 전차나 자동차의 통행에 이용된 도로로서의 기능을 하였다.

〈은뢰〉에는 '조선은행 앞 광장'이라는 사진과 시가 같이 게제되어 있다.[72] 지상 2층, 지하 1층의 석조, 철골, 연와 구조로 1912년에 준공된 조선은행과 다른 근대적 건축물들이 늘어서 있고 그 앞에 광장이 있는 모습이다.

조선은행 앞 대광장 / 모던한 건축물 / 늘어선 거리

맞은편에 보이는 / 남산의 / 하늘은 / 대륙항공로

방사포장한 대광장

삐걱거리는 전차에 / 햇살은 떨어지고

사람과 차가 크로스하는 / 네온라이트의 밤이 왔다.

---

72) 장인수, 2016, 〈식민지 건축의 이데올로기와 경성의 기억〉, 《동아시아문화연구》 제66집, p 46-48.

사진첩 〈은뢰〉의 편집자가 이 사진을 파고다공원의 '원각사지십층석탑' 사진 아래 배치했다는 점을 유의할 필요가 있다.

그림 25 서울역사박물관, 일제강점기 조선은행 앞 광장의 모습

　조선은 낡고 오래되고 지저분하다는 이미지와 일제는 깨끗하고 새로우 며 미래적이라는 이미지를 공간적인 건조환경으로 구현해 나간다. 남산 에 조선신궁이 들어선 지 10주년을 기념하여 '조선신궁봉찬회'에서 발간 한 사진집 〈은뢰〉(1937)는 그들의 의도를 노골적으로 보여 준다. 식민지 에 새롭게 일제가 건축한 새롭고 쾌적한 건물과 조선왕조 시대의 낡고 지 저분하고 방치된 경복궁과 같은 건물을 대비하는 방식으로 사진을 배치 하여 일제의 우월성을 나타내고자 하였다.[73]

---

73)　장인수, 같은 글, p 37.

일제는 황제국의 상징인 원구단을 허물고 그 자리에 조선호텔의 전신인 철도호텔을 기공하였고 고종 때 만들어진 황궁우를 호텔 후원으로 사용한다. 동시에 대안문 앞 광장 공간을 방치하여 근대적 식민지 건축물의 전형인 경성부청사, 조선호텔과 대조적으로 드러나게 한다.

《소설가 구보 씨의 일일》이라는 작품에서 '구보'는 경성부청사와 덕수궁을 대조적인 경관으로 지각하는데, 철근콘크리트 4층에 옥상에는 2층 높이의 탑을 세운 근대식 시청 건물에 비할 때 덕수궁은 너무나 빈약한 것으로 사람의 마음을 우울하게 만든다고 표현된다.[74]

그림 26 서울역사박물관, 고종서거 호외에 대한문 앞 광장에 모인 사람들
그림 27 서울역사박물관, 고종황제 국장행렬

일제의 지배 이데올로기인 동화주의에 대응한 조선 민중의 대항 이데올로기는 사회주의, 민족주의, 민주주의로 크게 나눌 수 있을 것이다.

---

74) 장인수, 같은 글, p 43.

특히 사회주의는 러시아 혁명의 성공으로 "식민지 약소 민족에게 식민지배를 하는 제국주의와는 달리 민족독립과 식민지 상태로 처하게 된 전근대적 한계를 동시에 극복하고 새로운 국가를 건설할 수 있는 이상형을 제시하는 현실적으로 실현 가능한 정치이념으로 다가오게" 되었다.[75] 또한 일제의 탄압으로 비밀조직조차 국내에서 조직적인 활동을 하기 어려워지자 3.1운동 이후 상하이에서 임시정부가 수립되고 무장집단이 만주에서 우후죽순처럼 생겨났다. 만주와 러시아에 정착한 조선인들 사이에서 피난처를 찾고 중국과 러시아 혁명가들과의 연계를 맺게 된다.

민족주의는 구한말 외세의 침략에 대항한 '척왜양이(斥倭攘夷)', '보국안민(輔國安民)'의 정신이 한일합병으로 3.1 독립운동과 뒤이은 상행임시정부 수립, 해외독립투쟁운동으로 계승·발전된다. 1919년 1월 파리강화회의에서 우드로 윌슨 대통령이 민족자결주의를 발표하자 이에 고무된 점도 있다. 물론 민족자결의 범위는 1차 세계대전의 독일, 오스트리아 등 패전국의 식민지를 미국이 자신들의 영향권에 넣기 위한 제한된 범위의 자결주의라는 한계는 있으나 약소민족의 민족주의에 희망의 불씨가 된다. 윌슨의 민족자결주의와 결을 달리하는 소련 사회주의 국가의 민족자결주의도 조선의 민족주의 강화에 일조를 한다. 자본주의를 추구하는 제국주의 열강의 야욕을 분쇄하기 위해서는 식민지가 독립하여 연대하여야 하기에 러시아의 지도자 레닌은 모든 식민지 민중에게 독립에 대한 지지를 약속한다.

---

75) 금인숙·문상석·전상숙, 2010, 《한국민족주의와 변혁적 이념체계》, 나남, p 96,

고종의 죽음으로 군주가 사라진 순간 공화제의 싹이 움트게 된다. 병합 이후 지식인들과 독립운동단체 내에서는 사라진, 앞으로 세울 조선의 국체를 무엇으로 할지에 대하여 공화제와 입헌군주제로 논의가 있었다. 독립운동 세력들 간에는 조선의 국체를 입헌군주제로 할 것인지 공화제로 할 것인지에 대한 입장과 의견의 차이가 있었으나 1919년 3.1운동 전후하여 국내외에서 발표된 선언서 등을 종합하여 살펴보면 민주 공화국을 지향하고 있다. 같은 해 4월 11일 상해에서 설립된 대한민국 임시정부 헌법은 "대한민국은 민주 공화정"이라고 명시하고 있다.

일제의 동화주의 이데올로기와 조선 민중의 민족주의·민주주의·사회주의 이데올로기 간의 대결이 3.1 독립만세운동으로 본격화된다. 대안문 앞 광장, 탑골공원, 종로, 서울역, 장터 등 사람들이 모일 수 있는 곳은 모두 저항형 광장이 되었다.

1919년 1월 21일 덕수궁에서 돌아가신 고종의 죽음은 3.1운동의 기폭제 역할을 한다. 원래 국장일인 3월 3일에 조선독립선언을 할 예정이었던 것을 3월 1일로 바꾼다. 장례식은 일본식으로 축소·변형해 진행하여 대한제국의 황제가 아니라 일본의 일개 왕족의 장례에 준하게 낮추었고 불에 기름을 퍼 붙는 독살설이 퍼지면서 조선 민중의 분노를 더욱 강하게 일으킨다. 1919년 3월 1일 탑골공원에서 정재용 학생이 조선독립선언서를 공개적으로 낭독하고 종로 태화관에서는 종교지도자 33인으로 구성된 민족지도자들이 독립선언문을 낭독했다. 시위는 탑골공원에서 종각으로, 덕수궁, 서울역까지 확대되면서 전국화되었다. 특히 덕수궁 대안문 앞은 고종 인산일에 맞춰 덕수궁 앞으로 모여든 수많은 사람들이 만세시위에 동참하면서 조선총독부 앞, 미국과 프랑스 공사관 쪽으로 행진했다. 서울의 골목마다 길마다 만세운동의 공간이 되었다. 이날 100만 명의 사람들이 행진했다.

집회시위에 대한 금지는 1910년 한일병합 시부터 시작한다. 일제는 병합 이후 내선융화를 조기에 완성하고자 무단정치를 시행한다. 보안법·치안법·집회취제규칙·경찰범처벌규칙 등을 강화한 것이 그 대표적 조치이다. 특히 조선인들의 저항과 시위를 사전에 차단하기 위하여 "집회취제규칙"을 1910년 8월 25일 발령한다. 모든 집회를 금지하고 정치 단체는 즉시 해산할 것을 명했다.[76]

3.1운동 이후 1919년 8월 일제 통감부 경무통감부령으로 '집회취체령에 관한 건'을 공표하여 조선인의 집회의 자유를 일체 허용하지 않는다. 3.1운동 이후 일본은 조선 통치의 방향을 선회해 문화정치로 들어서면서 군대를 경찰로 대치하고, 언론·결사·집회의 자유를 제한된 범위에서 허용한다.

---

76) 송호근, 같은 책, p 285.

3.

이승만 정권 : 4.19 혁명광장

　해방 이후 미군정이 실시된다. 이 시기에 신탁통치 반대, 자유민주주의와 공산주의 간의 이념적 대립에 의한 집회시위가 발생하는데 매우 과격하고 폭력적 양상을 띠었다. 1945년 8.15 광복 이후 대중들은 일시적 해방감을 광장과 거리에서 폭발시킨다. 미 군정기에 좌·우파 간의 대립은 대중이 성숙한 민주시민으로서 이념적 대결을 한 것이기보다는 정치적 세력들의 목적에 수동적으로 동원되고 이용당한 면이 있다. 찬탁과 반탁의 논쟁 속에서 대중은 더욱 우경화되고 반강제적으로 광장의 정치에 동원된다.

　이 시기는 정부수립을 위한 과도기적 혼란과 경제침체로 도시계획적 관심이나 투자는 없었다. 공공공간으로서 광장을 별도로 만들 여유가 없는 시기이다. 집회나 시위가 공공공간으로서 도로를 점거하고 대부분 진행된다. 도로 시위의 역사는 대한제국기 만민공동회, 일제강점기 3.1 만세운동 등으로부터 면면히 이어져 온다.

남한에 들어온 미군정의 통치 이데올로기는 자유민주주의, 자본주의, 반공주의인 반면에 피지배계급의 이데올로기는 사회주의가 우세한 것으로 나온다. 1946년 8월 미군이 실시한 여론조사에서 응답자의 71%는 사회주의를 선호하고, 14%만이 자본주의를 선호한 것으로 나온다.[77] 일제 강점기에 항일독립운동은 3.1 독립운동을 계기로 중국, 소련, 미국, 일본 등 해외에서의 기반을 확대하게 된다. 상하이에서 수립된 대한민국 임시 정부는 대한민국의 정체를 '민주공화국'이라고 선포함으로써 공식적으로 자유민주주의가 우리 민족국가의 지배 이데올로기가 되지만, 내부적으로 조선민은 자유주의 지지파, 사회주의 지지파로 크게 나뉜다. 전통적인 양반·지주·관료 등 지배계급 출신 지식층은 자유주의를 받아들이지만 사유재산을 철폐하는 데는 반대하는 하나의 층을 형성한다. 1917년 러시아 혁명 이후 레닌이 유럽의 제국주의에 맞서 아시아 식민지 나라들의 독립 지원을 약속하면서 1920년대 독립운동에 사회주의 이념이 수용되기 시작하는데 소작농민·노동자·도시빈민 등 기층민중과 지식인들 중 일부는 사회주의를 지지하게 된다.

광장에서의 지배 이데올로기와 피지배층 이데올로기의 분열은 필연적으로 공공공간이 저항형 공간으로 기능하게 됨을 이 시기에 명확히 볼 수 있다. 미군정 시기에 굶주림과 질병은 민중들로 하여금 봉기하게 만든다. 철도노동자들은 임금인상·고용안정·쌀 배급증가 등을 요구하며 파업 선언하고 거의 모든 학생이 파업에 동참하는데 노동파업이 미군정에 반

---

77) 조지 카치아피카스, 2015, 《한국의 민중봉기》, 오월의 봄, p 134.

대하는 정치파업으로 전환된다. 쌀이 항의의 핵심사항이 된다. 미군정 시에는 일제강점기 때보다 쌀 사정이 안 좋아진다. 쌀값이 100배 이상, 서울의 경우는 3,000%나 올랐다.[78]

높은 실업율, 끔직한 인플레이션, 콜레라라는 불리한 정국상황을 타개하고자 미군정은 1945년 12월 인민위원회와 인민공화국을 불법화하고 다음 해 5월 23일 38도선 통과를 봉쇄하고 조선을 분단한다.

미군정을 이어서 집권한 이승만 정권의 통치 이데올로기는 자유민주주의·민족주의·반공주의로 볼 수 있다. 형식상 민주주의이지 실질적으로는 이승만 1인 독재 권위주의로 시민들의 민주주의 요구와 대립하게 된다. 일제 강점기 시기의 전면적 수탈과 한국전쟁으로 모든 것이 파괴된 형편에 광장과 같은 새로운 건조환경을 조성할 물질적 여유가 없을 뿐 아니라 이승만 지배체제의 공고화가 우선적 과제였다. 자유민주주의는 형식적이고 외형적 명분이고 실질적으로는 이승만 독재 권위주의가 지배하면서 광장정치는 민중에 의한 자발적 주체적 역량의 표현이 아니라 관제 동원형 행사가 지배적인 형태가 된다.

1955년에서 1959년까지 서울 시내 주요 광장과 거리에서 열린 행사에 대하여 김백영은 다음과 같이 밝히고 있다.

---

78) 조지 카치아피카스, 같은 책, p 138-139.

"1950년대 후반 서울의 공공공간에서 개최된 행사는 정기·부정기 행사를 통틀어 정부가 주도하는 관제행사가 압도적 다수를 차지하고 있다. 이들 관제행사 가운데 정기적이고 중요성과 규모가 큰 행사는 대부분 중앙청광장에서 개최되었으며, 부정기적인 행사 가운데 일부는 시청 앞 광장에서 치러지기도 하였다. 그밖에 시위는 1958년 12월 서울역전광장에서 돌발적으로 이뤄진 1건을 제외하고는 모두 이익단체에서 주최한 것으로 남산공원광장, 장충단공원광장, 대한상공회의소 앞 광장 등지에서 열렸다. 1950년대 시위 가운데 유일하게 시청 앞 광장과 중앙청광장에서 열린 것은 1956년 3월 이승만 대통령의 삼선 수락과 선거 출마를 요청하는 민중대회였다." [79]

이 시기에 눈여겨볼 점은 광화문 주변 공간의 건조환경이다. 경무대, 중앙청, 행정부, 국회, 시청, 법원이 몰려 있는 세종로·태평로의 공간은 소통보다는 통치, 독재를 위한 과시형 기능이 주가 된다. 조선왕조의 광화문 육조거리의 행정관청 중심인 데 반해 국회, 법원이 추가된 것은 형식적 민주주의의 3권 분립의 구조를 보여 준다.

이승만 정권의 광장정치는 세종로 거리를 중심으로 한 공식행사, 관제행사의 정치적 의례로 집권의 영속화를 도모한다. 동시에 반일·반공주의를 충무공 동상건립과 추모행사를 통한 동상정치를 광장을 중심으로 펼친다.

---

79) 김백영, 2013, 〈4.19와 5.16의 공간사회학 - 1950~60년대 서울의 도시 공간과 광장정치〉, 《서강인문논총》 38, p 96.

해방 이후 폭발된 반일감정은 민족주의로 강화되면서 동시에 북한에 대한 반공주의와 결합한다. 일본의 군국주의가 공산주의와 연합하여 또 다시 우리를 침략할 것이라는 우려를 이용하는 것이다. 그 배경은 이승만 정권은 친일파라는 비난에 대한 방어와 패전 후 일본의 정치적 입장과 관계된다. 한일관계 정상화를 추진하려는 우리 정부에게 일본은 적반하장의 태도를 보인다. 일본 측 수석대표 구보타 망언이 그것인데, 한국을 식민지 시기에 근대화시켜 준 역청구권을 주장한 것이다. 한국 정부의 추궁에 대하여 일본은 더욱 강경책으로 그의 발언을 옹호하고 주일 대표부 폐쇄, 대한 원자재 수출 금지 등을 내놓으면서 반일감정에 불을 붙인 것이다. 나아가 휴전 이후 일본은 중국, 소련과 관계 정상화를 추진할 뿐 아니라 북한과의 교류도 추진하면서 이승만 정권은 일본의 용공성에 문제 제기한다. 1955년 일제 용공정책 분쇄 국민대회를 개최하는 등 반일·반공 시위가 커지면서 1959년에 절정에 달한다. 이승만 정권은 소련, 중국, 북한, 일본으로 이어지는 공산권 위협에 대하여 충무공 이순신 동상을 매개로 자유민주주의의 수호자로 인식되기를 희망한 것이다.[80]

전국애국단체연합회 주최로 난세를 구한 민족의 영웅 이순신에 대한 다양한 기념사업으로 나타난다. 충무공동상건립, 충무공 전첩비, 충무공 일대기 영화화, 충무공 탄신제 개최, 영정 제작 등. 1948년 정부수립 이후에는 충무공기념사업회를 조직하여 추모사업을 보다 체계적이고 조직적으로 전개해 나간다. 이 당시 충무공 동상은 대부분 국민들 성금으로 건

---

80) 박계리, 2004, 〈충무공동상과 국가이데올로기〉, 《한국근현대미술사학》 12, p 156-157.

립되는데 반일·반공 이데올로기의 파급효과를 의도한 측면이 있다.

집권연장과 독재의 공고화를 위한 광장정치는 마침내 개인숭배에 가까워지고 독재의 상징인 살아 있는 본인의 동상건립까지 시도한다. 이승만은 살아 있을 때 광장에 본인의 동상을 건립하고 죽고 나서 동상이 강제로 철거되는 러시아의 스탈린·레닌, 이집트 무바라크 대통령, 리비아 카다피 등 세계적인 독재자들과 유사한 말로를 걷게 된다.

그림 28 국가기록원, 남산공원광장에서 이승만 동상 제막식

교통부광장, 탑골공원, 남산공원광장에 이승만 동상이 들어선다. 특히 남산공원 동상은 높이 25m로 80세 축하를 기념하여 1955년에 건립되는데 동양 최대, 세계 최대라고 표현될 정도로 높은 기단에 크기도 어마어마한 규모의 동상은 개인 우상화의 상징이다. 동상이 세워진 장소는 일제의 조선신궁의 본전 앞 광장 일대로서 반일·반공 이데올로기의 결합을 충무공 동상으로 추진하던 이승만이 자신의 동상으로 이미지화하는 장면은 후에 박정희의 광화문 이순신 장군 동상건립의 예고편으로 보인다. 이승만 대통령이 하야성명을 발표한 4월 26일 군중들은 탑골공원에 있던 이승만 동상을 끌어내리고 밧줄로 묶어 거리로 끌고 다닌다. 남산공원 동상은 너무 규모가 커 중장비가 동원되어 8월 19일 철거된다.

르페브르의 논리대로 독재자는 자유민주주의의 이미지로 광장 공간을 재현하려고 하지만 광장에서 공간적 실천을 하는 민중은 민주시민으로서 재현공간을 지각하기 시작한다. 시민의식의 성장과 더불어 대중민주주의의 싹은 4.19 이전에 이미 움트고 있다. 최대의 지식인 계층인 언론인들의 정부에 대한 비판의식, 교육에 의한 신분상승 기대감 등 높은 교육열, 급격한 도시화로 수도의 인구집중과 이들의 시민의식수준 상승, 심각한 청년실업과 정부에 대한 실망 등이 복합적으로 작용하면서 혁명의 여건은 마련되어 있었다.

이승만은 1945년 8월 15일 초대 대통령에 당선된다. 1952년에는 부산에서 계엄령을 선포하고 헌법을 대통령 직선제로 개헌하여 재선에 성공한다. 1954년 자신에 한한 종신대통령 개헌안을 발의하는데 국회에서 1

표가 부족하자 4사 5입이란 희한한 궤변으로 통과시키고 1956년에 3대 대통령에 당선되는 등 독재의 영구화를 위한 음모들이 국민적 공분을 불러일으키기 시작한다.

1960년 4대 대통령 선거에서 이승만은 경쟁자 조병옥의 갑작스런 사망으로 대통령이 당선된다. 문제는 부통령 선거인데, 1공화국에서는 85세 고령의 이승만이 사망할 경우 부통령이 잔여임기를 채우게 되어 있었으므로 필사적으로 자유당 후보인 이기붕을 당선시키고자 온갖 부정을 저지른다. 온갖 조작을 통해 이기붕이 당선되자 마산에서부터 시위가 벌어지고 경찰의 발포로 다른 지역에서도 부정선거에 반발하여 시위가 잇따르기 시작한다. 특히 마산시위에서 경찰의 집단발포로 김주열 열사 등이 사망하고 부상자가 다수 발생한다.

김주열 열사의 시신유기와 마산항 부두에서의 발견 소식이 퍼지면서 서울에서도 대학 연합 시위 움직임이 생긴다. 1960년 4월 18일에는 3.15 부정선거와 자유당의 독재를 규탄하기 위하여 고려대학교 학생들이 먼저 들고 일어난다. '민주역적 몰아내자'는 플래카드를 앞세우고 태평로 국회의사당 앞까지 행진하여 재선거를 요구한다. 평화시위를 하면서 학교로 돌아가던 중 청계4가에서 반공청년당과 정치깡패의 습격을 받고 수십 명의 학생이 부상을 당한다. 이 소식에 대학생들의 시위가 서울대 문리대생들을 시작으로 서울 대부분의 대학, 고등학교, 중학교 학생들까지 시위대에 합류한다. 모인 학생 시위대는 경무대를 향하고, 일반 시민들까지 동참하며 세종로와 태평로 일대를 가득 메울 정도가 되어 서울에서만 시위대의 규모가 10만에 육박한다. 경찰이 시위대에 무차별 발포하기 시작하면서 총 21명 사망, 172명이 부상한다. 이날 오후에 계엄령이 선포되고 시위대 진압이 시작된다.

시간이 지나면서 소강되던 시위는 4월 25일 서울대 대학교수단의 시위로 다시 불붙기 시작된다. 시위 군중이 합류하고 이승만의 하야를 요구한다. 다음 날 1만여 명의 군중은 광화문 일대에서 시위를 벌이고 이기붕의 집이 파괴되고 파고다공원에 있는 이승만 동상이 철거된다. 아침 10시경에는 시위 군중이 10만 명으로 불어나고 국민학생들까지 데모에 동참한다. 이승만은 마침내 '국민이 원한다면'이라고 하야를 발표하고 시민들은 방송을 듣고 경무대 앞에서 만세를 부르며 환호한다.

그림 29 대한민국역사박물관, 4.19 민주혁명의 기록

이승만 하야한 첫해에 거리동원이 일상화되면서 2,000건의 시위에 100만 명이 참여하였고 수백 건의 노동쟁의가 임금인상을 요구하는 노동쟁의가 발생하는 등[81] 가두시위는 일상사가 되었다.

---

81) 박계리, 같은 글, p 232.

4.

박정희 정권
: 세종로와 5.16 과시형 광장

박정희 정권은 조국 근대화를 위한 통치 이데올로기로 반공주의, 경제
성장제일주의, 민족주의를 채택하고 실행하기 시작한다. 그간의 우리 민
족의 패퇴와 쇠락의 이유를 조선왕조의 부정적 정신성, 사대주의, 당파싸
움, 문약한 문민주의, 유교의 명분주의 때문에 망한 것이고 그 잔재가 현
재의 발전도 가로막고 있으므로 이를 극복하여야 한다는 역사 인식을 박
정희는 가지고 있었다. 이러한 현실진단의 당연한 귀결은 조국을 근대화
하기 위해서는 우리 민족이 자주적으로 민족을 발전시키는 민족중흥이
목표가 된다. 특히 경제성장은 조국 근대화, 민족중흥, 자주국방이 되기
위하여 필연적으로 성취하여야 할 과제가 된다. 1967년 7월 1일 대통령
취임식에서 박정희 대통령은 '경제건설'이 빈곤 · 실업 · 무직을 추방하고
공산주의에 대한 승리와 통일을 이룩할 수 있음을 강조한다.[82]

집권 초기에는 경제성장에 방점을 두었다면 1960년대 후반 들어서는

---

82) 하상복, 같은 책, p 212.

민족주의에 기반한 민족중흥이 경제개발의 정신적 원동력으로 강조된다. 산업화 민족주의가 등장한 것인데 1963년 대통령 선거 때 윤보선의 자유 민주주의에 대항해 자주와 자립을 강조하는 민족적 민주주의를 주장하면서 시작된다. 민족주의를 적극적으로 표방했음에도 한·일협정 체결을 목격하면서 대중들은 박정희 정부의 민족주의에 대해 의구심을 갖기 시작한다. 하지만 경제개발5개년계획을 통한 경제성장의 성과는 개인의 자유를 억압하고 권위주의 통치를 정당화하는 이데올로기 역할을 한 민족적 민주주의의 손을 다시 한번 들어 준다. 1967년 대통령 선거에서 박정희가 다시 당선된 것이다.

민족주의가 더더욱 필요한 시대적 상황도 중요하다. 당시 박정희 정권의 한일협정 추진에 대한 학생들의 반대시위가 1964년 6월 3일 절정에 달하면서 비상계엄을 선포하고 1968년 12월 18일 중앙청에서 비준서가 교환된다. 이승만 정권 때도 한일협정을 추구하다 일본의 적반하장격 역청구권 주장과 북한과의 교류 등으로 반일감정이 깊어지자 이순신 장군 동상건립 등 민족주의로 정세 변환을 시도한 바 있다.

박정희의 3가지 통치 이데올로기 중 반공주의를 광장으로 그려낸 것이 5.16광장이고, 우리나라의 광장문화의 원형이라고 부를 수 있는 광화문과 그 앞의 세종로 공간은 경제성장주의와 민족주의가 결합된 과시형 광장으로 표현된다. 16차로 자동차 중심의 세종로 거리와 그 주변의 콘크리트로 지어진 광화문, 현대식 정부종합청사 건물, 세종문화회관 등은 근대화의 상징이 된다. 민족주의는 광화문 복원사업과 이순신 장군 동상건립으로 복합적으로 표현된다.

그림 30 서울역사박물관, 1970년대 초 세종로 모습, 복원된 광화문과 중앙청이 보인다.

이데올로기를 공간적으로 재현하는 작업은 우선 서울의 중심 세종로를
확장[83]하고 그 일대에 건축물과 동상을 활용하기 시작한다. 시민회관과
그 맞은편의 미국 대사관 건물과 쌍둥이 구문화체육관광부 건물은 1960
년대 전반기에 등장한 현대적 실용주의 건물이다. 1971년에는 동아일보
사와 건너편 국제극장 앞을 잇는 거대한 아치가 등장한다. 정부의 캠페

---

83) 세종로 확장은 1966년 7월 8일 1단계 확장공사하면서 34m와 19m로 된 비대칭 도로를
　　양방향 34m로 대칭 도로로 만들고 1970년에 중앙청을 중심으로 도로를 100m로 확장한
　　다. 이 과정에서 도로 중심과 맞지 않는 은행나무를 중앙으로 이전하다 보니 일제가 만든
　　축선의 중앙에 이식시켜 주는 결과가 된다. 다행인 것은 육조거리가 100m 폭 안에 온전
　　히 살아 있다고 한다. (서울특별시, 《세종로 이야기》, p 106-119.)

인 문구, 경축일, 대통령 해외순방 등 정부의 선전문구를 알리는 홍보구조물이다. 1978년에 거대한 기둥으로 디자인된 세종문화회관이 들어선다. 100m 세종로, 거대한 아취, 이순신 장군 동상, 복원된 콘크리트 광화문, 중앙청은 강력한 국가주의 · 권위주의 · 근대화의 상징이다.

그림 31 서울역사박물관, 광화문 복원계획투시도(1967년)

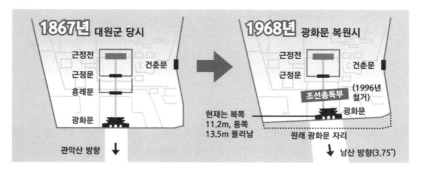

그림 32 대원군 당시 광화문의 원래 위치와 1968년 복원 당시 잘못된 위치로 자리 잡은 광화문

세종로에 민족주의를 실천하기 위해서는 먼저 일제의 잔재인 총독부 건물을 중앙청으로 계속 이용하는 것에 대한 부담을 해소하여야 하였다. 하지만 당장 중앙청을 대체할 공간 확보나 막대한 소요재원이 쉽게 해결될 문제가 아니라는 현실인식이 있었으므로, 그 대안에 대한 고민이 있었다. 당시 문화재 분야 정부소관 기관과 전문가들이나 학계에서는 한국전쟁 시기에 폭격으로 파괴돼 방치돼 있던 광화문을 제자리에 복원하여야 한다는 주장이 있었다. 박정희 정권은 일제가 이전하고, 전쟁으로 파괴된 광화문을 복원하는 사업은 한 · 일 국교정상화 추구로 친일비난을 받던 당시에 국면전환에 호재였다.

김성진 전 문화공부부 장관의 증언에 의하면 조선총독부청사를 중앙청으로 사용하던 박정희 정권은 외국 사절들이 이 건물에 대하여 존경과 감탄을 보내면서 조성년도와 경위를 묻는 것에 대하여 항상 곤혹스럽고 민망하였다 한다. 그럼에도 당시 정부의 재정형편으로 건물을 헐어 버리고 새로 지을 입장은 아니어서 고민 중에 최순우 국립중앙박물관장에게 이 문제를 상의하니 광화문을 옮겨 그 앞을 막으면 될 것이라고 조언했다 한다. 이에 박정희 대통령이 콘크리트 복원을 명령해서 결국 총독부 건물의 가림막으로 옮겨진 중건(重建)이 이루어졌다고 한다. [84] 광화문 복원의 목적이 총독부청사를 가로막는 것이었으므로 총독부청사의 축 위치 그대로 중앙청 정문이 있던 위치에 복원을 할 수밖에 없다는 의미가 된다. 총독부청사는 경복궁의 축이 관악산을 바라보는 것과 달리 남산의 조선신궁

---

84) 유홍준, 2011,《나의문화유산답사기 6》, p 134-135.

을 바라보게 건축되어 있었다. 당시의 복원은 소재나 위치[85]가 원래의 것과 달랐기에 고증에 입각한 재복원을 잉태하고 있던 것이다.

문화재관리국, 문화재 전문가나 학계에서는 원형 복원을 주장하지만, 이미 원래의 자리는 도로가 차지하고 있고 일제가 총독부의 축을 틀어서 세종로 도로를 건설하였기 때문에 현실적으로 불가능했다. 군사주의와 잘 훈련된 관료제 정부는 대통령의 이전 재건 지시에 속도전으로 응답하였다. 원형 복원은 고사하고 철근과 콘크리트로 복원작업을 한 것이다. 목재를 쓰지 않고 철근과 콘크리트로 작업을 추진한 데에는 여러 이유는 있을 것으로 추정된다. 혹자는 경제적인 면에서 목재가 비용이 많이 들어서 그런 것이 아닌가 하는데, 목재 광화문 재건을 주장한 문화재관리국은 7천만 원을 들여 3년의 복원 기간을 주장하였고 서울시는 1억 2천만 원을 들여 철근 콘크리트 건립[86]을 보면 경제적인 이유는 아니다. 먼저 대통령 지시사업을 신속히 수행하여야 한다는 강박감이 있었을 것이고 덧붙여 철근과 콘크리트의 내구성과 근대적 건물소재로서의 상징성이 고려되었을 것이다.

당시 콘크리트는 근대화의 상징으로 인식되었다는 것은 또 다른 문화재 복원에서도 드러난다. 1979년 1월 4일, 신라시대 불교사찰인 황룡사

---

85) 그림 32를 보면 2007년 7월에 실시된 '경복궁 광화문지 및 월대지역' 발굴조사 결과 남측으로 11.2m, 서측으로 13.5m 지점에 광화문지를 발견했고 축도 동남쪽으로 5.6도가 아닌 3.75도 틀어진 것으로 확인된다. (문화재청, 2007, 《경복궁 변천사(상)》, p 102.) 우리가 알고 있는 역사적 진실이 언제까지 타당한지 궁금해진다.
86) 하상복, 2010, 《광화문과 정치권력》, 서강대학교출판부, p 224.

경주 발굴현장에 박정희 당시 대통령이 불시에 방문한 것이다. 당시 9층탑을 콘크리트로 복원하라는 지시를 내린다. 신라시대 목탑을 복원하는데 콘크리트로 하라고 하니 당시 고고학자나 문화재 전문가 입장에는 황당했을 것이다. 하지만 1960~1970년대만 해도 콘크리트는 근대화의 상징처럼 여겨졌었고 콘크리트 공법을 쓰면 '1000년'을 버틸 수 있고, 목조로하면 3년 걸릴 공기가 9개월로 단축될 것이라는 논리가 통했던 시절이었다. 박정희는 복원된 광화문을 보고 "콘크리트로 이렇게 거창한 우리 건축을 재현시킨 것은 건축계의 혁명이다. 천년을 지탱할 것"이라고 큰 기대를 표시했다는 점에서도 확인이 된다. 광화문뿐만 아니라 아산 현충사, 영릉 세종대왕기념관, 강릉 오죽헌 등에 콘크리트 한옥으로 기념관을 짓도록 박정희 대통령이 명령한 예에서 당시의 콘크리트 건축에 대한 사랑을 엿볼 수 있다.

1967년 3월 15일에 기공식을 열고 1968년에 광화문이 복원되고 박정희 대통령의 친필로 현판식을 갖는다. 식민통치의 유산인 중앙청을 가려 버리는 광화문이 어느 날 세종로에 눈 깜작할 사이에 옮겨져 지어진 모습을 보는 시민들의 표정을 상상해 보라. 일제에 의해 이전된 것을 복원한 역사적 문화유산을 되찾는 것은 우리 민족정기를 다시 세워서 한일국교정상화 추진에 따른 친일논란을 불식시키는 효과도 분명히 있었다. 또한 산업화와 경제성장의 상징인 철근과 콘크리트로 2년 만에 재건한 박정희 정권의 건축적 스펙터클은 일반 시민들을 압도하기에 충분하였을 것이다.

"박정희는 경복궁 정문인 광화문을 세우고자 한 것이 아니었다. 오히려 그에게는 조국 근대화와 민족중흥 그리고 절대 권력이라는 정치적 가치들을 표상해 주는 매력적인 상징물이 필요했던 것으로 보인다."[87]

　광화문 재건과 함께 성장제일주의 이데올로기가 표현된 도심의 공간은 광화문 앞의 16차로 자동차도로였다. 경제성장을 가속화하기 위하여는 대량의 사람과 물자의 신속한 이동이 가능하여야 하고 자동차, 열차는 주된 수단이 된다. 서울 도심의 가장 한 복판에 자동차 중심의 대로가 존재하고 기능하고 있다는 것은 박정희 정권이 활발히 경제를 성장시키고 있다는 것을 국민들에게 현시적으로나 잠재적으로 각인되게 하는 효과가 있다. 덧붙여 불도저라는 별명의 김현옥 서울시장을 통해 건설한 '청계고가도로'와 그 위로 솟구친 '3.1빌딩'은 현대화의 상징으로서 광화문 앞의 16차 대로와 직각으로 교차하는데 조선시대의 육조거리와 종로 운종가와 대비된다.

　1966에서 1970년 사이에 서울에는 자동차를 대중교통의 중심축으로 기능하도록 하기 위한 지하도·육교·고가도로가 집중적으로 건설되었다. 1967년에 광화문네거리, 태평로, 서울시청 옆 개풍빌딩 앞 등에 일제히 지하도를 건설하는데 서울역에서부터 광화문까지 2.2km의 도로가 보행자용 횡단보도가 하나도 없는 자동차만을 위한 공간으로 바뀐다. 당시 박정희는 경부고속도로 등 고속도로 개통식, 서울역 고가도로, 삼각지 교차로 등 개통식에 대부분 직접 참가한다.

---

87)　하상복, 같은 책, p 236.

그림 33 서울역사박물관, 1969년 3월 개통 준비 중인 청계고가도로 모습

박정희의 근대화 사업과 김현옥의 서울개조사업은 본인들이 의도하였
는지는 모르지만 나폴레옹 3세 때의 오스만 파리 시장에 의한 파리대개조
사업을 개발모델로 고려하지 않았나 하는 견해도 있다. 전형적인 중세도
시인 파리는 1850년대 즈음만 하더라도 구부러지고 폭이 좁은 골목, 비가
오면 진창이 되는 좁은 길, 생활하수와 오수가 넘쳐나는 열악한 환경의 도
시였다. 1853년부터 1870년까지 파리 시장이었던 오스만 남작은 '불도저'
식 개발주의자로서 근대적 도시계획에 따른 주택과 건물 철거와 넓은 거
리와 구역정비를 추진한다. 하지만 넓은 도로를 만든 진정한 의도는 다른
데 있었다고 한다. 나폴레옹 3세가 파리에 프롤레타리아들이 다시 봉기를

일으킬 것이 두려워 도로 폭을 넓혀 바리케이드를 못 치게 하는 목적을 근대화라는 명분으로 포장한 것이라고[88] 하는 주장은 의미심장하다.

박정희 정권의 이데올로기 공간정치의 상징적 장소로 세종로를 택하고 첫 번째 사업이 광화문 재건이었다면 두 번째 사업은 충무공 이순신 장군 동상건립이다. 대표적인 친일파 정부라고 비난받던 이승만 정권도 반공주의 이데올로기를 충무공상 건립을 매개로 반일 이데올로기와 결합하여 정국을 타개해 나가는 전략을 쓴다.[89] 우리 민족의 역사는 사대주의 등 자율대신 타율의 역사, 문민 중심주의 등 우리의 역사와 문화에 대하여 부정적인 인식이 지배적인 박정희지만 세종대왕과 이순신만은 우리 역사에 있어 성군·성웅으로 존중하였다.

우리 민족의 애국선열의 조상이 세종로 일대에 세워지게 된 배경은 다음과 같다. 1964년 5월경에 서울 시내 미술대학생들이 연합하여 제작한 동상이 세종로의 중앙청에서 태평로의 남대문으로 이어지는 한길 양편으로 세워지게 된다. 습작성 작품으로 재질이 석고였기 때문에 비가 내리면 얼룩이 지고 바람이 불면 넘어지고 깨어지면서 수선하고 관리하는 것이 일이 된다. 1964년 12월 26일에 문화재위원회에 제1분과가 소집되었는데 동상의 보수사업을 위한 예산 사용요청 처리를 위한 것이었다. 당시 문화재위원들은 '조상' 자체는 문화재로 간주할 수 없고, 여론상 '현재의 조상'은 임시적 습작으로 반영구화 또는 영구화하는 것은 국민 여론을 야기할

---

88) 이유리, 2022. 2. 19., 〈파리 '대개조', 매끈한 도시화가 지워버린 사람들〉, 한겨레.
89) 박계리, 같은 글, p 158.

수 있고, 일정한 장소에 이전 보관하고 새로이 위인동상건립위원회를 설치하여 연차적으로 영구적인 동상을 제작하여 건립할 것을 건의한다. [90]

1966년 7월에 태평로의 25개 석고 순국선열상은 철거된다. 같은 해 광복절 때 '애국선열들의 조상건립운동'을 알리는 기사가 등장한다. 이 운동은 제1회 5.16 민족상 상업부문 장려상 수상자 이한상(李漢相)[91] 씨가 상금 50만 원을 서울신문사에 기탁하여, 영구적인 동(銅) 또는 대리석으로 선열들의 조상을 건립하도록 의뢰해 오면서 시작되었다 한다.

김종필 공화당 의장이 애국선열조상건립위원회의 총재를 맡고 서울신문사가 주관하여 진행하면서 재벌과 권세가에게 동상건립을 하나씩 맡기는 형태로 진행된다. 동상건립 자금을 용이하게 확보하고자 한 의도로 보인다. 충분한 준비를 거쳐 시작된 일이 아니라 처음부터 혼선이 빚어진다. 먼저 누구의 동상을 건립할 것인지와 어떻게 표현할지의 문제가 등장한다. 각계 인사들의 설문조사를 통하여 건립 대상은 선정되었지만 이순신 장군 동상의 예에서 대표적으로 나타나듯 역사고증에 대한 논란이 끝없이 이어진다. 또한 동상이 놓일 자리에 대한 고민도 충분히 없이 시작된다.

애국선열조상건립위원회의 첫 번째 사업이 이순신, 두 번째 사업이 세

90) 오마이뉴스, 2004년 5월 12일, "민족중흥시대, 사실은 '동상 전성시대'였다", 이순우.

91) 이한상은 풍전산업과 불교신문사 운영자로서 장충단 공원에 세운 사명대사 동상은 자신의 몫으로 조성한다.

종대왕인 것은 박정희의 뜻이 반영된 것이다. 박정희는 우리의 역사는 패배의 역사, 문약(文弱)의 역사, 타율의 역사, 모방의 역사라는 인식을 갖고 있는데 세종대왕과 이순신 만은 성군과 성웅으로서 추앙한다. 특히 이순신을 첫 번째 사업으로 선정한 것은 무인 이순신과 군인 박정희의 이미지를 오버랩시켜서 동일시하려는 의도도 없지 않아 있을 것이다. "박정희는 이순신과 같은 자신을 통해 퇴영과 침체에서 벗어나 세종시대와 같은 황금시대를 재현하겠다는 메시지를 이미지화"[92]하려고 한다.

영구성이 있는 청동으로 제작에 들어가는데 당시 경제사정이 어려워서 군에서 탄피를 지원받아 사용하는데 주물이 제대로 주입되지 않아 탄피는 쓰지 않는다. 대신 해체된 선박에서 구한 엔진이나 놋그릇, 놋숟가락 같은 일반 고철이 투입됐다고 당시 동상건립에 참여했던 사람들은 밝힌다.

위원회에서 만든 15기의 조상[93] 중 이순신 장군의 총 높이가 18m로 다른 조상의 10m 내외 높이보다 거의 배가 높고, 좌대를 제외한 동상만의 높이도 다른 것들은 4.5m로 획일화되어 있는 데 반해 6.4m로 가장 크다는 점은 시사하는 바가 분명하다.

---

92) 박계리, p 162.
93) 이순신, 세종대왕, 사명대사, 율곡 이이, 원효대사, 김유신, 을지문덕, 유관순, 신사임당, 정몽주, 정약용, 이퇴계, 강감찬, 김대건, 윤봉길 총 15기의 동상이 1968년부터 1972년까지 4차에 걸쳐서 조성되는데 이순신과 세종대왕을 제외하고는 기업체 대표인 위원들이 헌납한다.

그림 34 정부기록사진집, 이순신 장군 동상 제막식(1968. 4. 27.)

1968년 4월 세종로에 이순신 장군 동상은 박정희 대통령이 헌납하고, 제막식에는 박 대통령과 육영수 여사, 이효상 국회의장, 김종필 건립위 총재, 서울신문사 사장 등 각계 인사 200여 명이 참석해 성대히 개최된다. 아이러니한 점은 세종대왕 동상은 김종필 의장이 헌납한 사실이다. 왕과 장군과의 위계가 역전되는데 의중이 읽히는 대목이다. 이순신 외에도 중요 애국선열조상 제막식에는 빠지지 않고 직접 참석한다. 박정희 대통령의 이순신 장군의 동상에 대한 애착은 일종의 국민들에 대한 동일시 전략의 일환으로 보인다.

반공주의와 민족주의를 중층적으로 표현한 또 다른 랜드마크가 여의도

에 만들어진 5.16광장이다. 5.16광장은 12만 평 규모의 대규모 국가광장
으로 조성된다. 광장으로 볼 것인지, 단순한 '도로의 연장 및 확장'인지는
논란이 있을 수 있으나 전형적인 대규모 군중동원과 국력을 나타내는 '과
시형 광장'인 것은 분명하다. 서울의 급격한 도시화에 따라 필요한 도시기
반시설을 건립한 것이라는 기능적 시각도 있을 수 있으나 서울 중심에서
벗어난 여의도에 주변 건조환경과 어울리지 않는 대규모 아스팔트 광장은
박정희 정권의 공간정치의 의도를 읽을 수 있다. 박정희 대통령의 직접 지
시에 따른 공사착수, '5.16'이라는 광장 명칭 결정, 12만 평이라는 대규모
아스팔트 광장은 광장 조성의 정치·사회적 배경을 추측할 수 있게 한다.

　한국전쟁과 분단으로 인한 남북 간 대치국면의 긴장은 당시에도 여전
하였다. 1968년 1.21 청와대침투 무장공비 사건, 북한의 미국 정보함 프
에블로호 나포로 인한 전쟁 일촉즉발의 상황발생, 울진·삼척 무장공비
침투 사건 등으로 남북관계는 극도로 악화돼 있었다. 박정희 정권은 수도
권 일원에 미사일 기지를 설치하고 향토예비군을 신설하는 등 대응전력
을 증강한다. 나아가 '서울 요새화계획'이 수립되고 남산터널에 방공시설
이 설치되는 등 각종 공공시설이 전시 대비시설로도 준비되고 광장도 전
시에 군사용 비행장 용도[94]로 계획된다.

　더불어 냉전시대에 남북 간의 체제경쟁이 미소 간의 이념 및 체제경쟁
의 대리전 양상을 띠면서 양국의 수도에 랜드마크적 건축물들도 들어선

---

94)　여의도는 1916년에 일제에 의하여 공군비행장 활주로로, 해방 이후에는 군사·민간 겸용
　　으로 사용되다가 민간용도는 김포비행장으로 군사용도는 성남공항으로 각각 이전한다.

다. 도시는 이념과 체제경쟁의 전시장 역할을 하게 되는데 대규모 건축물, 대로와 광장 건설, 대중동원으로 체제의 우월성을 과시하는 것이다. 광장의 설계 과정에서 모스크바의 붉은 광장, 베이징의 천안문광장과 같은 벤치마킹 대상이 직접 거론된 것도 같은 맥락일 것이다. 더욱이 북한에는 75,000㎡의 김일성광장이 만들어져서 군사퍼레이드, 정치·문화적 행사, 군중집회 등으로 국력을 과시하는 공간으로 활용하고 있었다. 박정희 대통령은 김일성광장에 버금가는 공간에 광장을 짓고 싶었으나 당시에는 서울 시내에 그만한 공간이 없었는데 여의도개발이 되면서 공간이 확보된 것이다.[95]

광장 조성자가 박정희 대통령을 위시한 서울시 등 관료 세력이고 시민사회의 의견을 수렴한 것도 아니라는 점은 '과시형 광장'으로서 성격을 잘 드러낸다.

서울시가 여의도개발계획에서 밝힌 당초의 '민족의 광장'안에 따르면 8만 평 규모로 민자를 유치해서 경기장, 수족관, 동·식물원, 도서관, 음악당, 미술관 등을 전시한다는 '공원형 광장' 구상이었다.[96]

대통령은 1970년 10월 서울시장을 청와대로 직접 불러 여의도에 대광장을 조성할 것을 지시한다. 일설에 의하면 이후락 중앙정보부장이 대통

---

95) 장세훈, 2016, 〈광장에서 공원으로 : 5.16광장 변천의 공간사회적 접근〉, 《공간과 사회》 제26권 2호, p 181.
96) 장세훈, 같은 글, p 177.

령에게 김일성광장에 대한 보고를 하자 더 큰 광장을 조성하라고 한 것이 시발이 되었다 한다. '한국 도시 및 지역 개발연구소'에서는 워싱턴 DC의 광장을 모델로 화단과 녹지가 배합된 공원형 광장을 구상하였으나, 청와대에서는 모스크바의 붉은 광장이나 베이징의 천안문광장에 비견할 대규모 광장을 요구한다. 1971년 최종 확정된 '여의도종합개발계획'안에 따라 그해 9월 착공 7개월 만에 광장을 완공한다. 민족의 광장, 통일의 광장 등 다양한 명칭이 논의되었으나 청와대에서 최종적으로 '5.16광장'으로 결정한다.[97]

광장 명칭을 5.16으로 명명한 데서 드러나듯이 군 출신 대통령이 군사 쿠데타를 정당화하겠다는 정치적 의도를 읽을 수 있을 수 있고 자주국방의 역량을 과시하기 위하여 광장 완공 이후 10월 1일 국군의 날 기념행사를 30여 만 명의 관람객이 참석하여 거행된다. 반공과 안보 관련 행사가 그전에 서울운동장과 남산공원에서 열렸지만 공간의 제한으로 백만 명 이상의 행사가 어려웠다. 새로 조성된 5.16광장은 백만 명 이상의 사람들이 참석하여 반공·안보 궐기대회를 연다. 반공연맹 등 관변 단체가 주관이 돼서 직장인, 예비군, 학생을 동원한 대중집회를 통한 전형적인 과시형·동원형 광장정치를 적극적으로 활용하였다. 1972년부터 6.25 반공궐기대회, 1983년까지 북괴 남침 땅굴규탄, 이웅평 귀순 환영, 아웅산 국립묘지 폭발사고 관련 북한 만행 규탄 등 백만 명 이상 참가한 행사가 7번이나 개최된다.[98]

---

97) 장세훈, 같은 글, p 179.
98) 장세훈, 같은 글, p 183.

그림 35 정부기록사진집, 여의도 5.16광장 반공 국민 총궐기대회(1972. 5. 1.)

　박정희 권위주의 체제하에서는 시민들이 모여서 집회하고 시위하는 것은 집시법을 통하여 원천적으로 봉쇄하지만 보수 성향의 종교단체들이 기획하는 행사는 광장에서 허용된다. 그 시작은 1973년 기독교계가 주관한 빌리 그레이엄 목사의 전도 대회였다. 광장 조성과 그 공간에서의 군사퍼레이드, 반공 군중집회, 보수 종교단체의 종교행사 등 공간적 실천이 이데올로기를 재현하여 지배관계를 공고히 하고자 하는 르페브르의 '공간재현'의 전형적인 실천 예이다. 5.16광장은 이데올로기의 공간정치를 재현하는 대표적인 사례이다. 광장 조성 배경과 완공 이후에 활용에 있어서도 이용자보다는 조성자의 통치 이데올로기가 적극적으로 구현되고 목소리를 낸 곳이다.

전두환 정권은 박정희 정권과 군사정권이라는 오명을 같이 뒤집어쓰는 것을 막고 차별성을 부각시켜 정치적 정당성을 찾고자 한다. 1980년 헌법 개정에서 제3공화국과의 단절을 상징적으로 나타내고자 유신헌법에 나오는 "5.16 혁명의 이념을 계승한다"는 표현을 삭제하고 광장 명칭을 '여의도광장'으로 변경한다.

명칭 변경에 뒤이어 과시형 광장의 활용의 면에서 중요한 정치의례를 개최한다. '국풍 81'이라는 관제행사이다. 1981년 5월에 전통문화공연을 중심으로 5일간 개최하여 광주민주화운동 이후 국민들의 통합을 도모하고 국민들의 정치적 관심을 약화시키고자 기획한다. 닷새 동안 연인원 1천만 명 이상 동원하지만 체제 저항 세력을 의도한 만치 포섭하지는 못한다.

이 행사는 '새 역사를 창조하는 것은 청년의 열(熱)과 의지와 힘이다'라는 캐치프라이즈를 걸고 여의도광장 일대에서 5일간 밤낮없이 행사가 진행되었다. 여의도 일대는 차 없는 거리로 지정되었고, 행사 기간 야간통행금지도 해제되었다. 행사에는 전국 198개 대학의 6천여 명의 학생과 일반인 7천여 명이 참가하여 민속 문화를 중심으로 한 각종 공연·대회·축제 · 장터 등이 진행 또는 운영되었다.

국풍 81이 열린 1981년 5월은 1980년 전라남도 광주에서 일어났던 5. 18 민주화운동 1주년을 맞이하는 해이므로 혹여 국민적 관심이 5. 18에 쏠릴 수 있을지 모를 우려를 돌리기 위하여 기획된 면이 있다. 1988년 서울올림픽 유치를 앞두고 정부는 국풍 81을 통해서 하계올림픽의 유치 홍보활동을 방송사와 광고계 등과 함께 벌인다. 마침 하계올림픽 유치 상대 도시가 일본의 나고야이기에 국민들의 반일감정과 일본과 경쟁하여 이긴다는 민족의 자존심까지 내세워 국민적 관심을 일으키려고 노력한다.

1983년 KBS의 이산가족 찾기 운동을 통해 여의도광장에 '만남의 광장'을 운영하면서 광장이 과시의 공간이 아닌 표면적인 화합의 공간으로 보여 주기를 시도한다. 1987년 민주화 이후에는 시민과 시민단체들이 각종 사회운동을 일으키면서 광장으로 몰려나온다. 제도권 정치가 적절히 기능을 못 하면서 국회의사당이 있는 여의도광장은 시민들이 자신들의 분노와 요구를 직접 표시할 수 있는 최적의 장소가 된다. 집단적 의사표시로 광장에서의 집회 · 시위 · 농성이 빈번하게 일어나는데 농민 · 노동자 · 철거민 · 교사 등이 주된 이용 계층이었다.

정부는 정부 정책에 비판적인 시민사회의 광장 이용을 막기 위하여 1991년 서울시가 '여의도광장 운영 규정'을 마련한다. 서울시는 시민사회단체의 집회시위로 시민들의 휴식할 공간으로서의 광장 본연의 기능이 저하되므로 평당 210원의 점용료를 부과하고 석가탄신일, 부활절, 국군의 날 행사 등 기존에 허용된 행사 외에는 장소 사용을 제한할 수 있게 한다. 이에 대한 시민사회단체의 강력한 반발로 결국 광장 이용 규제를 중단하게 된다.

박정희 시대에 5.16광장은 반공주의와 체제경쟁의 전시장으로 전형적인 과시형 광장이었는데, 형태상 광장은 아니나 조선시대 이후부터 대한민국 서울의 상징공간으로 세종로 광화문 앞의 공간은 다른 의미의 과시형 광장 공간으로 재현된다.

4.19에서 절정을 보인 시민들의 자유에 대한 열정과 요구가 시위의 열풍으로 나타나 심지어는 국민학생까지 시위를 할 정도로 '데모의 광풍'이 광장에서 거세게 불었다. 하지만 박정희 정권 등장 이후 1960년대 중반 이후로는 시민사회는 아직 성숙되지 않아 시민들이 주체가 되는 광장정치가 조용해진다. 1960년대 1970년대 말까지의 광장정치의 긴 공백의 원인에 대해서는 우선, 경제성장제일주의에 따른 연평균 두 자릿수의 GDP 성장으로 표시되는 경제적 성과를 꼽을 수 있다. 정치적 파벌투쟁에 따른 장면 정부의 정치적 무능과 무질서에 대한 실망, 쿠데타를 주도한 청년 장교들을 학생들과 함께 사회변혁의 주도 세력으로 국민들이 인식한 점, 쿠데타에 대하여 찬성과 반대로 나뉘었지만 집단적으로 반대를 표명하지 않았다는 것은 국민들의 암묵적 지지를 의미한다.

4.19 혁명은 광장을 한국에서 대중민주주의를 실천하는 공간으로 호명한 최초의 사건이다. 4.19 혁명을 직전에 목격한 박정희는 영구집권을 모

색하는 데 있어 광장과 거리에서의 집회와 시위의 폭발력을 허용할 수가 없기에 물리적으로는 사람들이 모이는 공공공간을 줄이고 '집회 및 시위에 관한 법률'로 집회와 시위에 대한 억제를 채택한다.

1952년 발표된 서울시의 구획정리사업을 통한 전재복구계획에서 시는 계획가로 신설과 더불어 중앙청 앞 광장, 광화문 네거리광장, 남대문광장 등 19개 광장의 신설계획과 시청 앞 광장 등 5개 광장 확장계획을 제시한다. 이 계획은 정권의 무능부패, 행·재정력 부족 등 여러 요인으로 실현되지 못했다.[99] 반면에 박정희 권위주의 정권 때에는 도심부 주요 광장에 대하여 규모를 축소하면서 광장에 대한 통제를 강화한다. 서울 시내의 광장 규모를 1952년과 1962년 비교한 표에 의하면 광화문네거리(세종로)광장의 경우 70,700㎡에서 33,228㎡로 반 이상 축소되고 기타 용산역 앞 광장 등 7개 광장 규모도 거의 반 이상 줄어든다.[100] 독재정권에게 사람들이 자유롭게 모여서 논의하는 공공공간을 장려할 이유는 없을 것이다.

5.16 군사정변 이후 박정희 군부 세력은 집회에 관한 임시조치법을 공포하여 집회시위 자체를 제한하였으며, 1962년 헌법 개정으로 집회의 자유를 기본권으로 인정하지만 개정된 집시법은 집회시위를 과도하게 제한하여서 사실상 통제되었다. 이 시기에 집회시위에 참여한 주된 층은 대학생과 일부 지식인이었으나 공권력에 의한 탄압의 대상이 되었다. 권위주

---

99) 김백영, 2013, 〈4.19와 5.16의 공간사회학 : 1950-60년대 서울의 도시 공간과 광장정치〉, 《서강인문논총》 38, p 92-94.

100) 김백영, 같은 글, p 108.

의적 독재정권하에서 물리적 폭력에 의한 억압과 통제 속에 집회시위가 평화적으로 진행되기 어려웠다. 최루탄, 화염병, 각목, 쇠파이프와 같은 불법적이고 폭력적인 형태로 진행되고 전·의경들도 곤봉과 방패, 방어장비, 최루탄을 써서 시위대를 진압하였다.

　민중의식은 4.19 혁명을 거치면서 시민의식으로 한 단계 상승한 것은 사실이나 아직까지 모든 사람들에게 인권과 기본권, 민주주의 의식이 확고하게 공유되지는 않은 형편이었으므로 박정희 정권기의 광장은 과시형 광장의 전형을 보이고 간헐적이고 국지적으로 저항형 광장으로 모습을 드러낸다. 특히 정권 후반기로 들어서면서 영구집권을 노리는 반헌법적 조치를 강행하고 이에 반발하는 정치권과 시민사회의 민주주의 요구는 부마사태를 필두로 전국의 도로, 거리, 캠퍼스 등 공공공간이 모두 저항형 광장으로 변모한다.

5.

1987년 민주화 전후
: 민주·자치광장

    박정희의 유신독재가 1979년 10. 26 사건으로 종식되고 전두환의 12. 12 군사쿠데타에 이어 1980년 5. 17 비상계엄령 선포까지의 짧은 민주화의 열병에 쌓였던 시기인 서울의 봄은 체코 민주화열정의 프라하의 봄처럼, 광주 5. 18 민주화운동의 강제 진압으로 끝났다.

    1980년 3월 대학 개학과 시작된 어용교수 퇴진, 재단비리 척결 등 학원 정상화 시위가 전개되다가 병영 집체훈련 거부 사건이 서울대 등 여러 대학으로 확산된다. 서울대 비상학생총회는 전두환의 화형식 등 저항의 성격을 정치투쟁으로 전환한다. 5월 12일 저녁 연대생 중심 6개 대학교 학생들의 야간거리 시위, 5월 14일 고려대학교에서 모인 서울 지역 27개 대학 총학생회는 총궐기 및 가두시위 결정, 5월 15일 오후 서울역광장 부근에 30개 대학 10만 명의 대학생들의 '계엄철폐' 민주화일정 제시 요구 시위가 연이어 벌어진다. 하지만 대규모 인파의 통제곤란과 원치 않는 신군부의 무력진압 유혈사태로 빌미를 줄 것을 걱정 자진 해산키로 서울역 회군을 결정하는데 결과적으로 대한민국의 민주화가 7년 뒤로 미뤄지게 된다. 신군부는 18일 0시를 기해 계엄포고령 제10호를 발표하여 모든 정치 활동 중지 및 옥내·외 집회시위를 금지한다.

그림 36 국가기록원, 1980년 서울역광장과 도로에서의 시위

전두환 정권 말기의 각종 악행과 억압정치는 서울소재 대학교, 서울역, 시청, 광화문 일대의 도로와 거리를 모두 집회와 시위의 저항형 광장으로 만든다. 언론과 인권 탄압을 일삼던 전두환 정권의 1987년 호헌조치를 발표는 국민들의 실망을 증폭시켜 서울 거리에서의 시위를 촉발시킨다. 성고문 사건, 박종철 고문치사 사건, 이한열 열사의 죽음 등 일련의 사건은 정부에 대한 저항을 더욱 강렬하게 만들면서 1987년 6월 10일 항쟁을 야기한다. 전국적 집회시위 확산은 1987년 6월 29일 민정당 노태우 대표의

6.29 선언으로 직선제 개헌이 약속되면서 사태가 진정된다.

그림 37 대한민국역사박물관, 박영균 작 '친구가 보이는 풍경', 서울시청 앞 이한열 장례 그림

이 시기는 통치 이데올로기와 피지배층의 이데올로기가 긴장 · 균열 · 대립 · 투쟁의 관계에서 흡수 · 수렴 · 융합되는 절차와 통로가 마련된 때이다. 외형적 · 형식적 민주주의가 제도화되면서 군사독재를 물리친 국민이 직접선거에 뽑은 대통령이 등장한다. 또 하나 중앙집권적 통치구조가 1991년 지방자치제의 부활과 1995년 지방자치단체장의 민선제로 분권화의 길로 들어서면서 광장정치에서도 예전과 같이 제왕적 대통령이 일방적으로 지시하는 모습은 서서히 사라지기 시작한다.

대통령 직선제 쟁취 이후 등장한 정부의 이름을 보면 그 당시 지배 이데올로기가 무엇이었는지 알 수 있다. 김영삼 문민정부, 김대중 국민정부, 노무현 참여정부로 1993년부터 2008년까지 기간이다. 군사정권과의 단절, 국민주권론의 실현, 국민의 국정참여의 실질적 보장 등 민주주의의 내실화 기간이었다. 김영삼 대통령은 취임사에서 군사독재정권과의 투쟁과 희생을 통하여 쟁취한 "문민민주주의"와 "민족"을 강조한다. 특히 '민족'이라는 키워드는 문재인 대통령까지 6명 대통령 중에서 가장 많이 15번이나 등장한다. 김대중 대통령은 취임사에서 처음으로 여야 정당 간 민주적 정권교체가 국민에 의해 이루어진 "국민의 정부"를 강조하면서 "국민이 주인이 되는 정치"를 국민과 함께 이루겠다고 한다. IMF 국난극복이라는 시대적 위기 극복을 위한 경제적 과제가 동시에 중요한 일로서 언급되고 있다. 노무현 대통령은 '국민과 함께하는 민주주의, 더불어 사는 균형발전사회, 평화와 번영의 동북아시대를 열어 나갈 것'을 천명한다. 그러면서 '진정으로 국민이 주인인 정치가 구현되어야' 한다고 '참여정부'를 역설한다. 이전 정부보다 더 민주주의의 이념과 가치를 실현하겠다는 의지를 밝힌 것이다. 이어서 지방분권과 국가균형발전 과제가 시급하다고 주장한다.

광화문 공간에서 벌어진 물리적 구조변경과 정치적 의례로 대표적인 사건이 김영삼 정권의 조선총독부 건물 철거이다. 노태우 대통령은 민족문화의 유산의 복원을 통한 정권의 정통성을 주장하기 위하여 경복궁 복원사업을 시작한다. 1991년에 1월에 경복궁 복원계획은 확정되는데 김영삼 정부도 이러한 상징정치의 일환으로 경복궁 복원 외에 총독부청사 철거사업을 채택한다. 대한민국의 미래모습 "신한국"의 이념을 국민들에게 가시적으로 전달하기 위해 식민잔재를 청산하고 민족정기를 회복할 일제

통치의 거대하고 무거운 유산을 지우고자 한다. 1995년 8월 15일 광복절 기념식에서 구조선총독부 건물 철거의 시작을 공식적으로 알린다.

철거에 대하여 사회단체들의 반대가 계속해서 터져 나온다. 노태우 대통령 때부터 철거에 대하여 찬반 의견이 갈리고 있었다. 민족정기를 말살하기 위한 일제의 의도가 노골적이므로 해체해야 한다는 의견, 반면교사로 삼아 보전하자는 주장, 오욕의 역사를 망각하지 않게 해체하여 이축하자는 입장도 나온다. 1991년에 코리아리서치는 1천 명(전문가 6백 명, 일반 시민 4백 명) 대상 청사 철거에 대한 국민들 의견을 묻는 여론조사를 실시하는데, 철거 찬성은 전문가 77%, 일반시민 65%, 철거 반대 전문가 22%/일반 시민 27%, 이축 찬성 전문가 35%/일반 시민 24%로 철거 지지가 우세한 것으로 나온다.[101]

당시 조선총독부 건물은 국립박물관으로 사용하고 있었기 때문에 문화재를 훼손하지 않기 위해서는 새로운 국립박물관을 신축하고 나서 총독부 건물을 철거해야 한다고 주장하는 사람들의 반대에 부딪힌다. 문화체육부는 1993년 11월 5일 유물을 임시전시관으로 옮기고 총독부 건물은 철거를 완료하고 이어서 새로운 박물관을 짓는다고 최종적인 결정을 발표한다.

정부는 1995년 3.1절 기념행사의 일환으로 '구조선총독부 건물 철거선

---

101) 하상복, 같은 책, p 261.

포식'을 가진다. 8월 15일 광복절 기념식에서는 총독부 건물의 철거가 시작된다. 총독부 중앙 돔의 첨탑을 기중기로 떼어내 경복궁 바닥에 내려놓은 장관이 연출된 것이다. 총독부가 철거됨으로써 김영삼 문민정부의 민주주의·민족주의가 결합된 '신한국'의 통치 이데올로기가 일제의 총독관저-총독부청사-경성부청사-조선신궁의 대일본천의 축을 파괴하고 새롭게 세종로 일대에 표시된다. 김영삼 정부는 국민이 직선으로 뽑아 준 박정희 군사정권 이후 30여 년 만에 최초로 구성된 민간인 대통령이 통치하는 정부이다. 통치 이데올로기가 선거 과정을 거쳐 피지배층의 민주주의와 민족주의 이데올로기와 융합되는 정당화의 절차를 거쳤기 때문에 조선총독부청사 건물 철거도 큰 반대와 저항 없이 진행될 수 있었을 것이다.

이 시기를 관통하는 기본적인 통치 이데올로기는 민주주의임은 아무도 부정할 수 없을 것이다. 세계화·지방화·정보화가 동시에 진행되면서 민주 외의 다양한 가치도 시대상황에 따라 표출되고 있다. 대통령 취임사 빈도어 분석을 해 보면 김대중 대통령 때 민주라는 단어가 가장 많이 나오고, 그다음이 김영삼 대통령이다. 군부정권을 물리치고 직선제를 통해 최초의 문민정부임을 강조한 김영삼, 최초의 여야 간 평화적 정권교체를 이룬 국민의 정부 김대중에서 민주주의의 형식적·절차적 완성을 이룬 영향이 아닌가 생각된다.

'민족'이라는 단어가 김영삼 대통령 취임사에서 김대중 대통령 때에 비해 3배 가까이 나오고, 김대중 대통령 이후로는 거의 언급이 되지 않는다. 민족주의 통치 이데올로기가 해방과 정부수립, 이승만에 이은 박정희 정권기를 거쳐 반일정서에 기대어 정권의 정통성을 강화하는 데 활용된 흔적이 '신한국'을 건설하려는 김영삼 정부에서 광화문 조선총독부청사 철거로 일단락된 영향이 아닌가 싶다.

'환경'이라는 가치어가 김대중 대통령 때 최초로 등장하고 이명박 대통령 때 가장 많이 언급되는 점이 다른 정부와 차이점이다. 환경주의 이데올로기가 경제발전과 병행하면서 1980년대 후반부터 등장하여 2000년대까지 '지속 가능한 발전'으로 나타난다. 취임사에서도 김영삼은 부정부패 척결, 경제살리기, 국가기강확립의 3대 과업을 강조하는 데 반해 김대중은 "민주주의와 경제를 동시에 발전시키려는 정부가 탄생하는" IMF 경제위기와 여·야 정권교체의 과제를 강조한다. 또한 "환경을 보전하고 복지를 증진"하는 데 최선을 다하겠다고 최초로 환경보전의 중요성을 언급한다.

노무현 참여정부는 "21세기 새 정부는 개혁과 통합을 바탕으로, 국민과 함께하는 민주주의, 더불어 사는 균형발전사회, 평화와 번영의 동북아시대를 열어 나갈 것"이라고 국정방향을 밝힌다. "복지정책을 내실화"하겠다고 다시 복지를 강조하고 "문화를 함양하고 문화산업의 발전도 적극 지원"하겠다고 밝힌다. '문화주의' 이데올로기가 제도권 수준에 최초로 진입하는 현대사의 한 장면이 아닐까 싶다.

이명박 대통령은 "경제살리기가 무엇보다 시급"하고 "작은 정부, 큰 시장"을 강조한다. 복지의 경우 "시혜적, 사후적 복지가 아닌 … 능동적, 예방적 복지"를 주장한다. 환경 관련해서 "환경보전은 삶의 질을 개선하고 환경산업은 새로운 성장동력을 만들어" 낸다고 하면서 관련 정책을 친환경적으로 바꾸어야 함을 구체적으로 표명한다. 환경의 강조와 동시에 "문화도 산업"이라고 하면서 "전통문화의 현대화와 문화예술의 선진화"를 과제로 제시한다.

박근혜 대통령은 '경제부흥'과 '국민행복', 그리고 '문화융성'을 새 정부의 방향으로 제시한다. '경제민주화'가 최초로 등장하는데 이를 위한 '공정한 시장질서', 소상공인과 중소기업 육성을 하겠다고 밝힌다. '국민 맞춤형의 새로운 복지패러다임'을 도입하고 '문화의 가치'로 새로운 콘텐츠 산업을 육성하고 사회갈등을 치유하면서 "문화로 더 행복한 나라"를 만들겠다고 한다.

전직 대통령의 탄핵과 구속으로 집권한 문재인 정부는 '통합과 공존'에 대하여 강조로 취임사를 시작한다. '나라를 나라답게 만드는 대통령'이 될 것임을 다짐하고 '권위적 대통령 문화를 청산'하고 국민과 수시로 소통하는 '광화문 대통령'시대를 열겠다고 약속한다. 특권과 반칙이 없고 상식대로 해야 이득을 보는 세상에서는 "기회는 평등할 것입니다. 과정은 공정할 것입니다. 결과는 정의로울 것입니다."라고 천명한다.

1987년 민주화와 1991년 지방자치제 실시, 1995년 지방자치단체장 직선은 대통령이 일방적으로 지시해서 도시의 공간구조를 바꾸는 권위주의 시대의 관행은 약화되게 만든다. 노태우 정부 때 시작한 경복궁 복원사업, 1995년 김영삼 정부의 광화문 조선총독부 건물 철거, 2010년 광화문 복원은 중앙정부 차원의 문화재관리사업의 성격을 띤다.

광화문에서 서울역까지 이어지는 광장 등 공공공간의 조성과 관리는 지방자치단체인 서울특별시가 법적인 권한과 책임을 가지게 된다. 일련의 민주화운동으로 시민의식은 성숙하고 피지배층의 이데올로기를 공간적으로 재현할 광장의 필요성을 제기함에 따라 서울시는 2004년 서울광장, 청계광장에 이어서 2006년부터 시작하여 2009년 광화문광장을 완공한다.

이 시기의 통치 이데올로기와 피지배층의 지배 이데올로기는 1987년을 기점으로 균열·대립보다는 흡수·융합되는 경향을 보인다. 1987년의 직선제 개헌으로 대통령을 국민들이 직접 뽑아 온 평화적 정권교체의 역사적 경험은 형식적·절차적 민주주의가 우리나라에 제도화되었다는 것을 이제는 부인하기 어려울 것이다. 비록 형식적이고 절차적이나마 민주주의가 지배층과 피지배층의 통합 이데올로기로 자리매김하고, 환경주의, 문화주의, 복지주의가 정치적 이데올로기와 뒤섞이면서 새롭게 역사에 등장한다. 정당민주주의가 정착되면서 정당 간의 추구하는 이념은 보수와 진보로 대별될 수는 있으나 집권을 목표로 활동하는 정당의 속성상 다수 국민이 추구하는 새로운 이데올로기를 수용하지 않을 수 없다. 정당의 정강과 정책에 시대적 지배 이데올로기는 고스란히 담길 수밖에 없고 단실현하는 방법이 친시장적이냐 아니냐의 정도 차이로 남게 된다.

국민에게 민주주의, 환경주의, 문화주의 이데올로기가 지배적인 사상과 정서로 자리 잡게 되면서 광장정치에 활용된 것이 '청계천 복원'과 '광

화문광장' 조성 사업이 아닐까 싶다. 조선왕조 때 유교주의의 '군신공치제'
가 실현된 육조거리와 백성의 경제생활과 밀접한 종로 운종가 시장이 역
사적으로 '광장'과 '개천'으로 다시 재현되어 나타난다. 특히 문화주의 이
데올로기에 주목할 필요가 있는데 노무현 대통령의 취임사에서부터 문화
산업 지원이 등장해서 후임 대통령 취임사에서 계속 강조되고 발전되면
서 현재도 진행 중인 가치이다. BTS의 음악, 봉준호·송강호·윤여정 등
영화, 비빔밥·김치 등 한식의 세계화 등의 성과는 한국의 문화에 대한 자
부심과 투자의 결과가 아닐까 쉽다.

하상복은 프랑스 미테랑 대통령이 지방분권이라는 시대적 흐름에서 파
리의 수도로서의 위상을 지키기 위해 파리를 전통과 현대가 어우러진 문
화적 도시로 재탄생시키는 전략을 채택했다고 주장한다. 왕궁과 대조되
는 유리와 철재로 된 피라미드, 옛 개선문과 일직선상의 새로운 개선문인
라데팡스를 만들어 전통과 대비되는 현대를 재현하였다고 한다. 광화문
광장에 대하여 프랑스 미테랑 대통령의 문화와 권력과의 관계에서 추진
한 문화정책과 빗대어 언급한 다음의 글은 함축적이다.

  "서울시가 건립한 광화문광장에는 다채로운 문화적 대상물과 볼거리가 존
  재한다. 역사와 전통의 흔적이 있고, 첨단의 정보문화가 있으며, 대화의 장
  소가 있으며, 그 무대를 통해 다양한 스펙터클이 시민들에게 제공되고 있다.
  얼핏 순수한 문화적 공간으로 인식되는 그곳은 지방화와 지방분권이라는
  시대적 요구 속에서 전통적 위상이 흔들리고 있는 서울이 헤게모니를 견고
  하게 유지할 수 있도록 문화자본을 만들어 내는 정치적 공간이며, 전통적으

로 대한민국의 정치인들에게 부족했던 문화와 교양과 품격을 지닌 정치인의
이미지를 창출해 내는 권력적 공간인 것이다."[102]

1991년 지방의원의 선출과 지방의회의 구성을 시작으로 풀뿌리 민주주
의, 민주주의의 학교인 지방자치가 부활을 시작한다. 1995년 민선시장의
시대가 되면서 시장들의 행태가 바뀌게 된다. 임명권자가 대통령이 더 이
상 아니기 때문에 중앙의 눈치를 보기보다는 시민들의 희망과 요구에 민
감하게 대응하게 된다. 5.16광장 조성이나 광화문 복원을 대통령이 직접
지시를 했다는 사실은 지방자치가 없던 관선제 시장 시절의 자치단체장
의 위상과 권한의 실태를 보여 준다. 지방행정은 수도를 포함한 도시행정
이고 도시행정은 도시의 공간을 주택, 도로, 광장, 공원, 시장 등 행정목적
을 위하여 어떻게 배분하고 관리하고 이용하는 것이냐에 대한 것이다.

2개 이상의 자치단체가 관련된 광역적 공간행정은 중앙부처가 관여하
겠지만 지방자치제가 본격 실시된 1995년부터는 자기 관할지역 내 공간
정치와 행정은 전적으로 민선 자치단체장의 권한과 책임으로 수행되게
된다. 서울도 예외는 아니었다. 1995년 초대 민선시장으로 선출된 조순시
장 시기를 눈여겨볼 때 국가 통치 이데올로기의 변화를 엿볼 수 있다. 환
경주의의 전면 등장이다.

박정희 정권의 경제성장제일주의는 환경에 대한 의도적 무관심으

---

102) 하상복, 같은 책, p 318~319.

로 대기오염, 수질오염으로 피해를 입은 농어민이 등장하기 시작한다. 1970~1980년대 중화학 산업화 단계로 들어가면서 대규모공단 조성 등 대규모 환경파괴가 문제되면서 환경운동 단체가 결성되고 피해보상운동을 펼친다. 1991년 낙동강 페놀 사건은 환경보전의 중요성을 깨닫게 만들면서 환경운동이 조직화되고 1990년대 중반 이후부터는 오존층 파괴, 지구온난화 등 전 지구적 환경문제가 심각해지고 환경운동이 제도화된다.

중앙정부 차원에서 환경문제의 심각성을 인식하고 제도적 행정기반을 마련하기 시작하는데, 1980년 개정된 새 헌법은 '환경권'을 신설한다. 1981년에는 환경보전법을 개정하면서 체계적이고 구체적인 환경보전대책을 마련하기 시작한다. 1988년에는 환경보전장기종합계획을 수립하고, 1990년 환경청을 환경처로 승격시킨다. 환경처장이 국무위원이 되고 환경관련 공무원도 증원된다. 같은 해 환경정책기본법 제정, 환경오염피해분쟁조정법이 제정된다.

지방정부 차원에서도 민선초대 조순 서울시장은 취임사에서 환경보전의 중요성을 밝힌다.

"지난 30년간 환경보전의 가치는 개발과 성장의 명제에 밀려나 있었습니다. 그러나 이제 우리 성장을 지속하기 위해서도 환경이 보전되어야 한다는 사실을 깨닫고 있습니다. 소극적인 공해방지의 차원을 넘어 서울을 물 맑고 공기가 깨끗한 푸른 도시 … 지속 성장이 가능한 환경도시로 만드는 데 모든 노력을 기울이겠습니다."

서울시 환경조례를 제정하고 '환경공원'을 만들겠다고 천명하고 그 구체적인 결과물이 5.16광장의 여의도 공원화이다.

5.16광장은 1971년 2월 20에 착공해서 7개월 만인 9월 29일에 완공한다. 7억 6천만 원 공사비, 연인원 6만 7천 4백 명, 1만 1천여 대 건설 장비를 투입하여 돌관작업으로 12만 평 규모의 초대형 아스팔트 광장이 만들어진 것이다. 관선시장의 대통령 지시에 대한 절대적인 복종과 의지를 엿볼 수 있는 장면이다.

직선제로 선출된 조순시장은 시민단체와 시민들의 광범한 지지를 이끌어 내 1996년 '공원녹지확충5개년계획'을 세우고 5.16광장(나중에 여의도 광장으로 명칭 변경)의 여의도 공원화를 밝힌다. 1997년 착공, 1999년 2월에 개장하는데, 한국 전통의 숲, 잔디마당, 문화마당, 자연 생태의 숲 등으로 나뉜다.

환경정책의 상대적 중요성에 대한 여론조사가 1982년부터 1997년까지 행해진 결과가 있다.[103] 1982년 국민교육, 1987년 소득격차문제, 1990년 범죄문제가 가장 시급한 문제라고 인식하던 국민들이 1996년, 1997년 2년 연속 환경정책이 가장 중요한 정책영역이라고 답한다. 서울시의회에서 답변한 발언 내용에 의하면 1996년 8월 서울시민 1천 명을 대상으로 실시한 설문조사 결과에 의하면 응답자의 87%가 공원녹지의 부족을 느낀다고 밝힌다.

---

103) 구도완, 1999, 〈한국인의 환경의식과 환경주의 가치 : 1982년에서 1997년까지〉, 《한국 사회학대회 논문집》, 한국사회학회.

6.

2016년 이후
: 촛불광장

   1987년 민주화와 더불어 서울의 모든 공공공간은 정치광장화되었다고 해도 과언이 아닐 것이다. 비록 도시계획적, 물리적 형태를 갖춘 광장은 아닐지라도 많은 사람들이 한 번에 모일 수 있는 곳은 정치적 공론장으로 기능하였다. 광화문 일대의 공간은 현대사에서 광장정치가 본격화된 계기를 준 4.19 혁명의 공간에서부터 5.16 군사쿠데타, 유신독재 군사정권의 중심지, 서울의 봄과 1987년의 핵심 공간으로서 자리 잡아 왔다.

   이곳이 정치적 공론장으로 다시 주목받기 시작한 것은 2002년 월드컵 경기 이후이다. 붉은 악마의 월드컵 응원 열기는 시청 앞에서 광화문까지를 붉게 물들이면서 집합적 의사표출의 공간으로 다시 등장한다. 광화문광장은 광우병 소고기 파동, 세월호 사건을 거치면서 집회와 시위의 중심무대로 자리매김한다.

   촛불정신(빛, 밝음, 따뜻함, 정의, 평등, 자유, 인간존엄성)이 온라인 사이버광장과 오프라인 물리적 광장이 연결된 하이브리드 공간에서 신자유주의, 무능한 대의제 민주주의, 폐쇄적 권위주의를 단죄하고 직접민주주의 · 복지주의 · 민족주의 · 문화주의를 호명한다. 촛불문화제의 등장이다.

그림 38 정부기록사진집, 시청 앞 광장을 가득 메운 2002 월드컵 응원단

IMF 국난극복을 위하여 불가피하게 수용하게 된 신자유주의 기조는 국 정운영의 방향에서 고용의 유연성과 관련 양극화를 초래하고 미국산 쇠 고기 수입 허용으로 식량주권의 문제와 효선·미선 사건 미군 무죄판결에 대한 민족적 분노를 야기한다. 특히 2008년 광우병사태 때 6월 10일 명박 산성 앞에서 모인 시민들은 "대한민국은 민주공화국이다. 대한민국의 모 든 권력은 국민으로부터 나온다."라는 '헌법 제1조'를 가장 많이 부른 것은 대의제 민주주의의 한계를 극복하고 촛불집회에 참석한 시민이 자신의 정치 권력구조를 설계하려는 직접민주주의의 실천의지를 보여 준다.

정부의 무능을 규탄하고 나라다운 나라를 요구하며 직접민주주의를 실 천한 역사적 사건이 광화문광장에서 두 해에 걸쳐 개최된 촛불집회이다. 2016년 10월 29일 광화문광장에는 국정원 대선 여론조작 개입, 세월호 침 몰, 한국사교과서 국정화, 개성공단 폐쇄, 백남기 농민 물대포 피격 사망, 문화예술계 블랙리스트 제작, 최순실의 국정개입 등을 이유로 대통령 탄 핵을 요구하는 제1차 촛불집회가 열린다. 10대부터 60대까지 다양한 연 령층의 남녀노소가 '모이자! 분노하자!#내려와라 박근혜 시민 촛불집회' 에 동참한다. 6차에 걸친 주최 측 추산 402만 명의 시민이 참여한 촛불집 회를 통해 12월 9일 국회가 박근혜 대통령 탄핵소추안을 가결한다.

해를 바꿔 2017년 1월 14일 살을 에는 추위를 무릅쓰고 12차 주말 촛불 집회가 광화문광장 일대에서 열린다. 헌법재판소의 빠른 탄핵 인용과 특 검의 공정한 수사를 기원하는 차원에서이다. 탄핵을 둘러싼 진보와 보수 의 대립이 치열해지면서 찬반 장외 압박 대결은 헌법재판소 앞에서 벌어진다. 마침내 3월 10일 헌법재판소는 탄핵을 인용하면서 박근혜 대통령이 파면된다. 헌법재판소 결정문에는 국민 위임권력을 사인에게 줬기 때문에 민주정치의 기본인 '대변성', '책임성'이 없게 된 것도 파면 사유 중의 일부이다. 대통령이나 국회의원을 통한 간접민주주의에 대한 국민 직접 감시·참여·통제가 필요한 부분이다.

　2016년 10월 27일 시작돼 장장 134일간 진행된 광화문 촛불집회에 전 국민의 3분의 1에 가까운 1600만여 명이 광장으로 나온 것으로 알려진다. 문화재 행사로 광장에서의 집회가 보장되니까 남녀노소 모든 연령대와 계층의 사람들의 비폭력 평화시위가 가능해진 것이고 집회시위문화의 진화를 목격하게 된다. 광장이 저항형 광장에서 소통형 광장, 직접민주주의 광장으로 전화되는 데에는 광장 공간을 전유하는 시민들의 주체의식·민주의식·평화의식·문화의식·평등의식의 성장이 핵심요건이 된다.

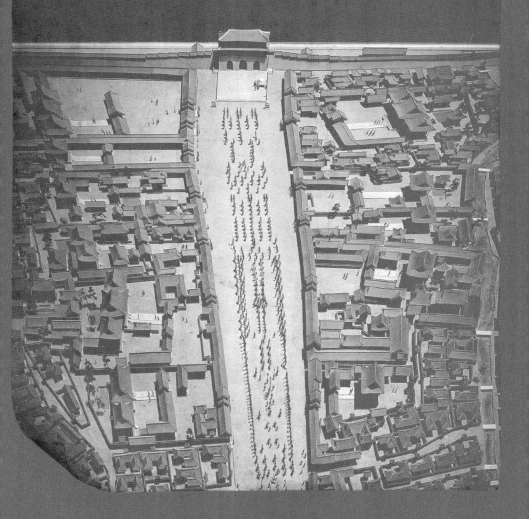

제4장

광화문광장의 재탄생

1.

경과

2022년 8월 광화문광장이 재탄생되어 시민에게 돌아왔다. 말도 많고 탈도 많았던 세월을 뒤로하고, 게다가 청와대까지 개방되면서 관악산-숭례문-광화문광장-경복궁-청와대-북악산-북한산-하늘길이 온전히 연결되면서 역사성과 장소성을 회복하게 된다. 2009년 개장되고 나서 13년 세월 동안 새로운 광장에 대한 아이디어가 녹고 녹아, 관계된 사람들이 언성을 높이고 반대하고 타협하고, 선거공약으로 살리고 죽이고, 마침내 행정의 지속성·연결성·투입된 시민 세금의 소중함 등을 감안해 광장사업을 완성하기로 한 오세훈 시장의 결자해지이다.

2009년 개장 이후부터 2022년에 재탄생하기까지의 주요 경과를 살펴보는 것은 광화문광장을 둘러싼 주요 쟁점과 이를 해결하기 위한 논의가 어떻게 전개되었는지 파악하게 해 줄 뿐만 아니라 미래의 광화문광장의 모습에 대한 시사를 던져 준다.

100년을 지속할 광장을 만들기 위해 2016년 시민·전문가들로 구성된

그림 39 서울특별시, 8월 개장된 광화문광장 조감도

광화문포럼에서 광화문광장에 대한 다음과 같은 총론적 평가를 내린다.

"2009년 8월 현 광화문광장이 개장된 이후 (정체성·안전성·편의성 등) 논란이 계속되었으나 서울의 대표적인 간선 대로였던 세종대로의 차도를 줄이고 역사성과 장소성을 살리면서 새로운 보행공간을 조성한 것은 큰 결단이고 대단한 것이었다."

광장의 역사적·기능적 의미와 문제점을 함축한 표현인데 2009년부터 구체적으로 어떤 논의들이 있었는지 살펴보겠다.

2002년 한·일 월드컵 거리응원에서 광화문 세종로 일대가 축제의 공간으로 변신한다. 한국 국가대표 축구팀 서포터즈인 '붉은 악마'를 비롯한 국민들이 시청, 광화문 일대 중심으로 열렬한 응원전을 펼친다. 그 덕분일까, 한국팀은 처음으로 본선 16강전에 오르고, 최종 4위를 기록한다. 월드컵 직후 시민단체인 문화연대는 광화문 세종로 일대를 역사·문화공간으로 조성하자는 캠페인을 벌이면서 광장 공간의 꿈이 본격적으로 불이 붙기 시작한다.

2006년 새롭게 서울시장에 취임한 오세훈 시장은 같은 해 '광화문광장 조성기본계획'을 수립하고 2008년 공사에 들어가 가 2009년 8월 1일 '새빛들이' 광화문광장 개장행사를 개최한다. 행사 이름이 '새빛들이'인 것은 서울시민의 희망이 광화문의 명칭처럼 광화문광장을 통하여 빛으로 펼쳐진다는 의미이다. 조선시대 광화문의 의미가 광장 공간에서 현대적으로 재해석된 것이다. 2008년 5월 27일 착공해서 길이 557m, 폭 35m 규모로 탄생한 광장은 육조거리가 재현되고, 플라워 카펫이 자리 잡고, 12척의 배로 23전 전승을 거둔 이순신 장군의 업적을 기리는 12.23 분수, 광장 바닥 617개 돌에는 1392년 조선 건국부터 2008년까지 매년 발생한 사건이 새겨진다. 같은 해 10월 9일 한글날에는 세종대왕 동상도 제막된다.

광화문광장 조성 후 여론을 살펴보면 광장을 쓸데없이 만들었다는 의견은 보이지 않는 듯하다. 칭찬하는 사람도 비난하는 사람도 모두 광장이 생긴 자체를 행복하게 여긴다. 차도로 뒤덮인 광화문을 광장으로 조성한 의도에 대해서는 많은 사람이 반긴다. 보행자, 인간 중심의 도시설계 패러다임의 변화를 환영한다. 은행나무로 가로막혀 있던 광화문, 경복궁,

청와대, 북악산, 보현봉, 하늘길의 경관 길을 반긴다. 16차로 광로로 막혀 동서 간의 횡단이 불가했던 공간이 광장으로 연결된 것 또한 도심의 활성화에 기여한다.

개방 첫날 하루 동안 17만 9천 명이 찾고, 2주째 100만 명 넘고, 100일 되던 날 500만 명, 6개월에 1천만 명 돌파[104]로 외형적으로 크게 성공한다. 이 수치는 시민들이 얼마나 광장에 대한 갈증을 느꼈는지를 상징적으로 보여 준다. 광장 이용객의 83%가 만족한다는 설문조사 결과도 있다.

2008년 서울시청 앞 광장에서 벌어진 광우병 촛불집회도 '시청 앞 광장'이라는 장소가 없었다면 그처럼 대단한 촛불집회가 지속적으로 열리기 힘들었을 거라는 기사가 있는데, 광화문광장도 마찬가지이다. 2016년 10월 27일 시작돼 장장 134일간 진행된 광화문 촛불집회에 전 국민의 3분의 1에 가까운 1,600만여 명이 광장으로 나온 것으로 알려진다. 문화재 행사로 광장에서의 집회가 보장되니까 사람들의 비폭력 평화시위가 가능해진 것이고 그 점은 당시 안진걸 '박근혜 정권 퇴진 비상국민행동' 공동 대변인도 인정한다. 세계일보 2017년 3월 17일 자 인터뷰에서 "'(광화문)광장'이 열린 점을 촛불집회의 중요한 성공 요인으로 꼽았다."고 밝힌다. 완전체로서 광장으로서는 부족함이 있지만 한국 현대사에서 '실질적 민주주

---

104) 광장 조성 후 서울시가 밝힌 바에 의하면 조성 후 1년 만에 1,400만 명이 다녀갔다고 한다. 이 수치는 광장으로 연결되는 통로 7곳에서 계수기로 직접 입장객 수를 파악한 결과라고 한다. 중복 계산의 가능성도 배제 못 하나 서울시 시설관리공단에서 광장관리팀에서 직접 사람을 고용하여 현장에서 집계한다고 한다.

의 '직접민주주의'로의 징검다리, 교두보 역할을 한 것이다.

하지만 만들긴 잘한 듯한데, 형태와 이용 관련하여 부족하거나 잘못된 점을 지적하는 의견들이 많다. 형태와 관련해서는 광장이 차도로 둘러싸여 횡단보도로만 진출입이 가능하여 접근이 용이하지 않다는 '중앙분리대' '고립된 교통섬' '무늬만 광장' 주장이 있다. 광장의 본질적 기능으로 사람을 모으는 것과 장소성의 가치를 의문시하면서 광장의 '정체성'에 대한 물음도 있다. 광장 안에 지나치게 조형물이 많아서 광장으로서의 개방감이 부족하다는 지적, 광장의 축이 세종로 중앙에 위치해 조선왕조 시대의 원형 축과 다르다는 축 논쟁 등이 광장의 형태에 대한 것이다.

2017년 11월 26일 자 한겨레 신문에 "1990년대까진 '억압의 상징' 광화문광장, 요즘엔 인증 샷 명소!"라는 기사가 실린다. 광화문광장이 차도로 막힌 섬이고 중앙분리대라는 조소가 아주 틀린 것은 아니나 광장이 만들어 지면서 세종로 한복판에 매일 시민들이 왕래할 수 있게 된 것은 매우 의미 있는 일이라고 할 수 있다는 평가이다.

형태와 관련한 본질적 문제라기보다는 시민 안전과 관련해서 '광장과 차로의 경계가 불분명하고 차량의 돌진을 막기 위한 안전조치가 없다'는 지적이 있다. 실제 택시가 광장 안으로 돌진하는 사고를 겪고 서울시는 차도와 광장을 분리하기 위해 화분형 석재울타리를 설치한다. 땡볕을 피할 수 없고 쉴 공간도 없다는 지적으로 햇볕 가림막과 간이벤치들도 만들어지는데 각종 행사용 시설물과 함께 무질서하고 전체적인 조형미를 해치게 된다.

이용과 관련하여서는 광장에서의 집회와 시위의 자유 제한에 대해서 개장 사흘 만에 정치적 비판이 제기된다. 문화일보 2009년 8월 3일 자 기사에 의하면 민주당 등 야4당과 참여연대, 문화연대 등 시민단체들은 '표현의 자유가 없는 광화문광장은 서울시의 정원일 뿐'이라고 하면서 '시민들의 자유를 제한하는 데 초점을 맞춘 광화문광장 조례는 폐지 대상'이라고 기자회견 한다. 개장 전에 서울시가 확정한 조례는 광화문광장은 사용허가 대상이고, 공공질서를 확보하기 위해 조건을 부여할 수 있으며, 사용을 허가한 뒤에도 '공익과 시민의 안전 확보 및 질서유지를 위해 허가사항을 변경할 수 있게 한 데에 대한 반발이다.

같은 해 8월 2일 자 한겨레에 "광화문광장은 테마파크인가?"라는 기고문이 실린다. 이 글은 광장의 본래 의미는 비어 있음과 그곳은 시민들이 채워야 한다는 점을 강조한다. "광장은 서로 다른 정치적, 문화적 감수성을 가진 사람들이 대화하고 논쟁하고 차이를 인정하며 '유쾌한 상대성'을 표현하는 일종의 카니발의 공간이어야 한다."고 주장하며 광장에의 시민들의 자발적인 참여와 자연스러운 접근을 요구한다.

광화문광장 사용과 관련하여 8월 개장 이래 관제 이벤트성 행사를 너무 많이 함에 비판이 인다. 개장 후 넉 달간에 32건의 행사 중 17건이 정부나 시 주최 행사이고 나머지 15건은 방송사나 문화단체 등이 진행한 서울시 홍보용 행사이다. 시민들의 집회 등 사용은 막아 놓으면서 서울시 홍보용으로 사용하는 것 아니냐는 것이다.

게다가 2009년 11월에 드라마 아이리스 촬영을 위한 교통통제에 이어, 스노보드 경기 개최가 더 비판적인 분위기를 이어간다. 국제스키연맹 스노보드 월드컵대회 '빅 에어(big Air)' 경기가 2009년 12월 11~13일까지 광화문광장에서 개최된다. 높이 34m, 길이 100m의 점프대에서 스노보드를 타고 내려오면서 도약해 회전·착지·비거리 등을 기술을 겨루는 경기로 시내 중심지에서 열리기는 처음이다. 스노보드 대회 개최를 둘러싸고 시민을 위한 용도로 사용하지 않고 도시마케팅과 문화산업 육성에 자의적이고 이벤트 행사에 예산을 낭비한다고 비판한다.

개장 초기 안전시설이 없어 차량 돌진사고가 난 것은 석재 안전 방호울타리를 설치하고, 편의시설이 부족하다는 지적은 쉼터와 그늘막 설치로 보완한다. 광장의 개방감이나 비어 있음 등 정체성을 주장하는 측에서는 햇빛가리개, 플라워 카펫에 대해 지극한 반감을 표현하기도 한다.

광장을 시민에게 돌려줘야 한다는 분위기가 조성되면서 광장 사용을 허가제가 아닌 '신고제'로 바꾸기 위해서 야당과 시민단체 측에서는 서울광장 조례 개정 청구캠페인을 2009년에 펼친다.

개장 후 말도 많고 탈도 많은 광화문광장의 효율적인 운영을 위하여 서울시는 토론회를 개최한다고 발표한다. 2010년 2월 1일에는 전문가 참여 1차 토론회, 개장 1년 차인 8월에는 시민참여 대토론회, 광화문이 복원되는 시점에 3차 토론회를 열어 종합적인 의견을 반영한다는 내용이다. 토론회에서는 국가상징가로로서 광화문광장의 품격을 높일 수 있는 방안, 정체성 확립방안, 보완할 시설물, 주변 시설물과의 연계방안 등이 논의된다.

2010년 2월 10일 서울시는 '광화문광장 전문가 토론회'를 남대문 대한상공회의소에서 개최한다. 여혜진 서울시정개발연구원 부연구위원은 광장 내 불필요한 시설물을 철거하고 비운 공간을 사람으로 채워야 한다고 하면서, '보행중심구역제' 도입을 주장한다. 대규모 행사를 할 때 구역으로 지정된 곳에서는 자동차가 다닐 수 없도록 하는 제도이다. 특히 토론자로 나선 강병근 건국대 건축공학과 교수의 주장이 눈여겨볼 만하다. 4개 면이 도로로 폐쇄된 형태의 광장은 적어도 1개 면만이라도 보행자들이 차도를 건너지 않고 접근하도록 하여야 한다고 주장하는데 편측 광장 안이 다시 논의되기 시작한다.

2010년 서울시장 선거에 나선 오세훈 시장, 한명숙, 지상욱, 노회찬 등의 서울 광화문광장과 관련된 견해를 밝힌다. 오세훈 시장은 국가상징가로, 한명숙 후보는 표현의 자유 보장 공간, 지상욱 후보는 문화와 소통의 공간, 노회찬 후보는 이용이 자유로운 시민광장으로 광장의 성격을 각각 규정하고 대부분이 광장의 확장에 대해서는 찬성한다.[105]

집회 개최에 대하여 오세훈 시장은 조례상 문화와 여가활동을 위한 목

---

105) 동아일보, 2010년 5월 17일, "지방선거 현장 패트롤 서울 광화문광장 사용공방", 이언주, 김지현 기자.

적으로 사용이 규정되어 있고 현행법상 외교단지가 주변에 있어 금지가 된 것이지 본인은 정치적 의사를 표현하는 것을 막을 생각도 방법도 없다고 관훈토론회에서 말한다.

재선에 성공하고 2010년 6월 11일 문화일보와의 인터뷰에서 광화문광장에 대해 본인이 과욕을 부린 측면이 있다고 밝힌다. 처음에는 역사성을 갖춘 공간으로 만들려고 시작했는데, 서울의 상징으로 역사만으로는 부족하고 대한민국의 '역동성'을 보여 주기 위해서 스노보드 대회 같은 것을 시도하면서 비판을 받게 되었는데 지금은 모든 것을 들어내고 정돈된 느낌의 공간을 만들었다고 발언한다.

2010년 8월 광장 개장 1주년을 맞아 서울시는 광장 운영기조를 '비움'으로 전환해 그동안 플라워 카펫으로 사용하던 공간을 잔디광장으로 바꾸고, '광화문광장 민간협의체'를 구성하여 케이티(KT) 등 주변 대형건물의 저층부를 휴게공간으로 만들어 시민들에게 개방하고 있다고 밝힌다.

대통령 소속 국가건축정책위원회는 국가상징거리 조성 사업 1단계 사업의 주요공사를 2010년 착공해 2012년까지 완료하기로 의결한다. 1단계 사업에 광화문광장 확장, 세종대로 보행가로 조성 등이 포함되는 데는 별도의 교통대책이 필요하기 때문에 세부적인 내용은 미확정된 상태로 발표한다.

2011년도부터 광화문광장은 형태나 디자인에 대한 논란보다는 광장에서의 집회시위의 허용 여부나 다양한 용도로 사용되는 행사가 언론·방송을 탄다. 한미자유무역협정(FTA) 비준 반대시위가 이어지고 이순신 장군 동상 친수식과 세종대왕 목욕, K-pop 댄스 페스티벌에서 〈강남스타일〉 말춤 공연, 버농사 수확, 하이서울 페스티벌, 부처님 오신 날 봉축 점등식, 연말 사랑의 온도탑 설치행사가 열린다. 2012년 대통령 선거 관련해서는 후보자들이 출마 선언의 명당으로서 광화문광장 세종대왕 앞을 선호하면서 선점하기 위한 경쟁이 시민들의 눈길을 잡는다.

광장의 형태가 정책이슈가 되는 행사들도 있다. 토요일마다 광장에서 개최되는 직거래장터인데 '보행친화도시'사업의 일환으로 '세종로, 차 없는 거리'를 매 주말 시행하는 것으로 확대 검토된다. 이것은 2014년 세종로 보행전용거리를 첫째·셋째 주말에 운영하게 만들고, 2015년에 국무조정실의 광복 70주년 기념사업으로 서울시가 제출한 '국가상징광장 조성안'까지 이르게 한다. 보행친화공간을 확장을 위해서 세종문화회관 앞에 하행차로 5개를 없애고 광장으로 편입하는 안이다. 하지만 정부에서는 채택하지 않았는데 광장에서 시위 확대 가능성과 박원순 시장 치적 쌓아 주기에 대한 우려 때문이라는 뒷말도 있다. 정부의 수용 여부와 관계없이 서울시는 보행친화공간 확보는 독자적으로 추진한다는 입장인데, 광장 형태의 변경과 확대가 본격적으로 등장하는 계기가 된다.

2014년 세월호 사건이 발생하고 광화문광장에서 열리기로 한 행사와 축제가 취소된다. 애도와 추모의 분위기가 정부에 대한 분노로 바뀌면서 청소년, 청년 단체 회원들, 학부모, 참여연대, 민주사회를 위한 변호사 모임, 민주노총 등 시민사회단체 등 세대와 직업을 넘어선 각계각층의 시민들이 광화문광장과 주변 공간으로 나선다. 진상규명, 책임자처벌, 재방방지대책 촉구, 유가족 지원 등이 주요 주장이다.

세월호특별법 제정을 촉구하는 유가족 대표들이 광화문광장에서 단식농성을 시작한다. 프란치스코 교황이 방한하여 광화문광장에서 시복미사를 가진다. 교황은 전날 세월호 유족을 따로 만났음에도 시복미사 직전에 광화문광장에서 또다시 유족 400여 명을 만나 위로를 전하는데 교황의 가슴에 노란 세월호 리본이 달려 있다.

광화문광장에는 다른 목소리의 행사가 등장한다. 2014년 9월 6일 광화문광장에서 인터넷 커뮤니티 '일간베스트저장소(일베)' 회원들이 김밥과 피자를 먹으면서 세월호 유가족을 조롱하고 비웃는다.

보수 일간지는 세월호 참사 가족 농성천막이 불법임에도 서울시가 방치하고 있다고 비난한다. 서울시 측은 처음 세운 1개 천막만이 유가족이 설치한 것이고 나머지는 인도적 지원을 아끼지 않겠다는 방침에 따라 시에서 세운 것이라고 밝힌다. 광화문광장이 시민의 여가선용과 문화활동에 이용될 수 있도록 되돌릴 것을 요구한다.

2014년 9월 23일 자 경향신문에 "'광장'다워지는 광화문광장"이라는 제목의 글이 실린다. '국가주의' 이데올로기를 스펙터클로 보여 주기 위해 조성된 광화문광장이지만, 세월호 유가족을 포함한 수많은 시민들이 광장을 광장답게 활용하고 있는 사실을 적시한다. 앙리 르페브르의 말을 다시 빌리면, 광장의 주인인 시민이 광장을 '전유'하기 시작함을 지적한 것이다. 글은 계속되는데 결론적으로 광장은 공공공간으로서 누구의 소유도 아닌 '넉넉하게 비어 있는 그릇과 같은 공간'이라는 주장이다. 그 그릇에는 문화제가 열리고, 정치적 집회와 시위가 개최되면서 다양한 요구와 절규가 분출되다가 문제가 해결되면 다시 광장은 비어지면서 휴식, 산책, 소통, 통행하는 일상적 공간으로 전화된다.

국사교과서 국정화를 둘러싼 여야 간 찬반 대립이 정면충돌하면서 광장은 다시 시끄럽게 변한다. 교수, 학생, 시민단체 등이 반대집회를 광화문광장에서 연다. 2015년 5월 14일에는 세종로 사거리 일대에서 전국에서 올라온 53개 노동·농민·시민단체로 이뤄진 '민중총궐기 투쟁본부'가 역사교과서 국정화, 노동개혁에 반대하고, 청년실업 문제, 쌀값 폭락, 빈민 문제 등 전방위적 문제 제기와 해결책을 요구하면서 광화문광장으로 행진한다. 경찰은 차벽을 설치하고 해산명령을 내리면서 불응하는 시위대를 향하여 물대포와 캡사이신을 발사하고 시위대는 경찰 버스에 밧줄을 맨 뒤 잡아당겨 차벽에서 끌어내기도 한다.

광화문광장의 디자인과 관련하여 비난을 초래한 현상이 있다. 다름 아닌 광장 도로의 잦은 침파와 파손인데, 2007년에 광장 조성 사업의 일환으로 주변 도로를 아스팔트 포장을 걷어내고 돌 블록으로 대체하면서 벌어진다. 2012년 감사원은 시공업체가 교통 하중을 충분히 견디지 못하게 설계·시공하여 파손되는 것으로 밝히고, 근본적인 보강대책을 하지 않으면 문제가 계속 진행되리라 지적한다. 2016년 10월 5일에 광장 개장 후 7년 4개월 만에 다시 아스팔트로 포장한다.

2015년에는 광장에 새로운 조형물 설치를 둘러싼 국가보훈처와 서울시 사이에 실랑이가 벌어진다. 광복 70주년 대표 기념사업으로 광장에 태극기 게양대를 영구히 설치하자는 보훈처에 맞서 서울시는 한시적으로 광화문 시민열린마당에 허용하겠다는 것이다. 결국 광장에 대형 태극기 게양대 설치 문제는 국무조정실 산하 행정협의조정위원회 조정을 거치게 된다.

박원순 시장은 2016년 5월 3일 기자들과 만난 자리에서 광화문광장을 세종문화회관 쪽 길을 흡수해 넓히고 육조거리를 복원하는 방안을 구상 중이라고 밝힌다. 같은 달 23일에는 서울시, 시민, 전문가가 함께하는 도심교통정책을 주제로 하는 '광화문포럼'이 발족한다. 한양도성 내부를 역사·문화·관광의 중심이자, 사람 우선 도심으로 조성하기 위한 것이다. 광화문광장의 기능 재정립과 공간 재구성, 녹색교통 활성화 방안, 미세먼지 교통대책, 도심 내 자동차 운행제안이 논의된다.

2016년 10월 29일 광화문광장에는 국정원 대선 여론조작 개입, 세월호 침몰, 한국사교과서 국정화, 개성공단 폐쇄, 백남기 농민 물대포 피격 사망, 문화예술계 블랙리스트 제작, 최순실의 국정개입 등을 이유로 대통령 탄핵을 요구하는 제1차 촛불집회가 열린다. 10대부터 60대까지 다양한 연령층의 남녀노소가 '모이자! 분노하자!#내려와라 박근혜 시민 촛불집회'에 동참한다. 6차에 걸친 주최 측 추산 402만 명의 시민이 참여한 촛불집회를 통해 12월 9일 국회가 박근혜 대통령 탄핵소추안을 가결한다.

해를 바꿔 2017년 1월 14일 살을 에는 추위를 무릅쓰고 12차 주말 촛불집회가 광화문광장 일대에서 열린다. 헌법재판소의 빠른 탄핵 인용과 특검의 공정한 수사를 기원하는 차원에서이다. 탄핵을 둘러싼 진보와 보수의 대립이 치열해지면서 찬반 장외 압박 대결은 헌법재판소 앞에서 벌어진다. 마침내 3월 10일 헌법재판소는 탄핵을 인용하면서 박근혜 대통령이 파면된다.

서울시는 100년이 갈 수 있는 광화문광장 개선의 방향과 원칙을 마련하기 위해 2016년 9월 광화문광장 개선 방안에 대한 공론화를 위해 광화문포럼을 구성한다. 광화문포럼은 20차례 회의를 통해 "광화문광장 개선의 방향과 원칙"을 발표하였고 서울시는 포럼에서 나온 방향과 원칙을 바탕으로 기본계획을 발표한다. 포럼은 세종대로 전체 광장화와 이를 위해 광장 주변 도로의 지하화 방안을 제안한다. 지하차도 진·출입구로 인한 도심 경관 훼손, 대규모 공사로 인한 장기간 시민 불편, 사업의 경제성 측면(예산 약 5천억 원)에서 우려가 제기된다.

2017년 4월 서울시는 촛불집회로 새롭게 상징되는 광화문광장을 보행자 중심의 시민광장으로 재조성할 작업을 추진한다. 더불어민주당 문재인 대표는 '광화문 대통령 시대' 공약을 본격적으로 추진해 나간다. 서울역사문화벨트조성 공약기획위원회에 유홍준 교수가 총괄위원장을 맡고,

승효상 이로재 대표도 참여한다. 문 후보는 대통령 집무실을 광화문 정부청사로 옮기고 불통의 대통령 시대를 끝내고 국민 속에서 소통하는 민주주의의 시대를 열겠다고 약속한다.

2018년에 서울시와 문화재청은 '새로운 광화문광장 조성 기본계획'을 발표하는데, 세종문화회관 쪽으로 광장을 확장해 시민광장을 만드는 것은 서울시가 담당하고, 광화문 앞에는 역사광장을 만들어서 월대를 복원하고 해태상도 원위치로 이동시키는 작업은 문화재청이 맡게 된다. 가장 큰 문제가 교통처리인데, 광화문 앞의 사직로와 율곡로 통과 교통량을 새문안로 5길로 유도해 기존 왕복 2차로에서 6차로로 확장하고, 세종대로는 10차로를 6차로로 줄이기로 한다. 차도를 줄이고 보행로와 자전거도로, 대중교통 이용 공간을 늘리는 '한양도성 녹색교통진흥지역'계획과도 맥을 같이한다.

이 발표에 대하여 박원순 시장의 선거용 아니냐는 의구심, 2020년에 착공하여 2021년에 완공한다는 지나치게 조급한 일정, 세종대로 축소 등 교통체증, 예산낭비 등의 부정적 의견이 표시된다. 뿐만 아니라 문재인 대통령이 발표한 광화문 정부청사 집무실 이전계획과도 조율이 문제가 된다. 서울시는 주민·전문가 토론회와 주민설명회를 거쳐 8월 설계 공모를 통해 계획을 구체화하겠다고 한다. 7월 25일에 중구 프레스센터에서 열린 시민토론회에서 종로구, 성북구 주민들은 교통체증이 가중될 것이라면서 차도를 줄이지 말라고 서울시를 성토한다.

서울시는 기본계획을 수립하는 과정에 참여했던 광화문포럼보다 확대되고 강화된 '광화문시민위원회'를 동년 8월 21일에 발족한다. 광화문광장 조성에 대한 집단지성 거버넌스의 역할을 하게 되는데 도시 공간, 건축조경, 시민 소통, 도시재생 등 50인의 전문가 집단과 100인의 시민대표로 구성되어 광장개선의 공론화에 주도적 역할을 하게 된다. 세미나, 토론, 역사탐방, 워크숍, 설문조사 등을 통하여 기본계획의 구체화와 조성 후 운영방안을 마련해 나간다.

2018년 10월 11일 서울시는 광화문광장 국제설계공모를 실시한다고 밝힌다. '광화문시민위원회'를 중심으로 시민과 전문가 의견을 수렴한 공모지침을 마련하는데 다음과 같다. 설계안에 담겨야 할 '새로운 광화문광장의 10가지 이슈와 과제'로 ① 광장을 둘러싸고 있는 주변 건축과 역사, 문화적 경관의 중장기적 변화 ② 전통적 대로의 속성과 현대적 광장의 모습과 기능 연계 구현 ③ 광화문 지역이 갖는 역사, 철학적 가치를 공간적으로 구현하기 위한 방안 ④ 역사광장과 시민광장으로서의 고유성을 확보하면서 통합할 수 있는 방안 ⑤ 대한민국을 대표하는 공간으로서 위상에 부합하는 공간구상 범위 설정 ⑥ 한국적 자연경관과 현대화된 도시경관을 조화롭게 어우러지게 하는 방안 ⑦ 휴식, 산책 등 일상적 행위와 행사, 축제 등 비일상적 행위가 공존하는 도시계획 ⑧ 시민의 쉼터로서의 기능을 담는 조경 및 편익시설, 프로그램계획 ⑨ 광장과 접한 이면도로 및 주변 공공, 민간 건물군의 저층부 활용 전략 ⑩ 기존 도시맥락을 보존하면서 새롭게 만들어 가기 위한 도시관리 구상과 전략 등을 제시한다.

승효상 국가건축정책위원회 위원장, 유홍준 명지대 석좌교수, 프랑스 도미니크 페로 등 국내외 저명 전문가 7인으로 구성된 '심사위원회'를 구성하여 두 차례에 거친 심사를 진행하고 당선팀에게는 기본 및 실시 설계권을 준다고 밝힌다.

2019년 1월 4일에 유홍준 '광화문대통령시대위원회' 자문위원은 집무실을 광화문 청사로 이전할 경우 영빈관, 본관, 헬기장 등 집무실 이외의 주요 기능을 대체할 부지를 광화문 인근에서 찾을 수 없다고 결론을 내렸다고 말한다. 집무실 이전은 서울시와 문화재청이 추진하고 있는 광화문 재구조화 사업이 마무리된 후에 장기적 사업으로 검토하기로 했다고 말하며 사실상 대선공약 파기를 선언한 것이다. 이에 대해 서울시는 광화문광장 확대 재편은 청와대 이전을 전제로 한 것이 아니기 때문에 예정대로 추진된다고 말한다. 유 자문위원은 서울시의 광장 재구조화 사업을 차질없이 추진하도록 지원하겠다고 말한다.

2019년 1월 21일 서울시는 광화문광장 국제공모 당선작을 발표한다. '깊은 표면(Deep Surface) : 과거와 미래를 깨우다'를 선정했는데 CA 조경과 김영민 서울시립대 교수, ㈜유신, 선인터라인 건축이 컨소시엄을 구성해 참여한 작품이다. 세종문화회관 앞쪽 차로가 광장으로 편입되고 지상은 경복궁 앞 역사광장, 세종문화회관 앞 시민광장으로 나뉜다.

지상에는 육조거리와 월대를 복원해 역사성을 회복하고, 이순신 장군 동상은 정부종합청사 앞으로 세종대왕 동상은 세종문화회관 옆으로 옮긴다. 지하는 햇빛이 스며드는 썬큰(sunken) 구조로 지상과 연결된다. 2021년에 준공할 예정이며 총 1040억 원(서울시 669억 원, 문화재청 371억 원)의 예산이 소요되고 교통처리는 KT빌딩 쪽에 6차선이 차도가 생기고, GTX A노선 광화문역이 신설될 것이라는 내용이다.

설계공모 당선안은 당초 광화문포럼이 제안한 율곡로·사직로를 지하화하여 경복궁과 광장을 전체 연결하는 안이다. 서울시는 이 경우 진출입 양측에 150m가량의 옹벽이 발생, 단절이 생기고 공사비가 5000~6000억 원 소요되므로 실현이 곤란하다고 본다.

이날 발표장에서 기자들은 크게 3가지 점을 집중 파고든다. 먼저, 이순신 장군 등 동상 이전 문제인데, 심사위원장은 이순신 장군 동상은 역사성이 있으니까 존치하는 게 좋겠고, 세종대왕상은 크기나 위치에 대해 여러 사람이 문제 제기를 해서 이전을 검토해 볼 만하다는 것으로 심사위원단의 입장을 말한다. 박원순 시장은 연말까지 공론화 과정을 거쳐 충분히 시민들 의견도 존중해 최종 결정을 내릴 것이라고 한다. 두 번째는 GTX 복합역사 신설에 대한 국토교통부와 협의 여부에 대해서 비용부담 등을 더 협의하겠다고 하고, 촛불 이미지의 바닥 포장 패턴이 마지막으로 부각된다.

시민들로부터 우려와 비판이 나오기 시작하는데 시급하지도 않은 일에 혈세를 1천억 원 넘게 써야 할 타당성이 없다. 교통체증이 걱정된다. 특히 50년이 넘게 우리 민족의 성웅으로 자리 잡은 이순신 장군 동상을 이전하는 데 비난이 증가한다. 보수단체는 이순신 장군을 이전하고 그 자리에 역사적으로 아직 검증되지 않은 촛불 형상을 이미지화하는 것에 대하여 반대한다.

2019년 3월 8일 강맹훈 서울시도시재생실장은 광장 내 동상 이전에 대하여 "현재의 동상들은 설계공모 지침서에서부터 이미 존치를 원칙으로 했다."고 밝힌다. 교통지옥 우려에 대하여는 광화문 이동 차량의 78.8%는 통과차량이고 47.6%가 승용차 이용자인데 대중교통 인프라를 확충해 출퇴근을 대중교통으로 이용하는 문화가 정착되면 교통혼잡은 일시적 불편일 것이라고 말한다.

광장이 세종문화회관 쪽으로 치우쳐 조성되면 광장의 모습이나 숭례문에서 이어지는 차로가 한쪽으로 치우치는 어정쩡한 형태이기 때문에 국가상징축이 비대칭적이 되는 문제도 제기된다. 이 문제를 해결하기 위해서는 차로를 전면 지하화하고 지상은 모두 광장으로 조성하는 안이나 프랑스 샹젤리제 거리처럼 양쪽으로 광장을 형성하고 한가운데 차로를 배치하는 안도 논의된다.

여론이 나쁘게 흘러가자 서울시는 연말까지 시민공청회를 하겠다고 한발 물러서지만 시장이 2022년의 대선을 의식해 서둘러 발표한 것 아니냐는 의구심을 남겨 놓는다.

일반 시민 여론보다 오히려 광장 재구조화와 직접적으로 관련된 이해당사자인 행정안전부가 수용 곤란을 밝히면서 새로운 논란 속으로 빠진다. 행정안전부는 당선작대로 하면 정부서울청사 건물 및 주차장, 부속 건물로서 어린이집, 경비대, 민원실이 역사광장에 편입되므로 공공건물로서 기능을 사실상 상실한다고 반발한다. 정문 및 차량 출입구가 폐쇄되고 전면 주차장도 없어지면서 청사 내 순환도로 폐쇄에 따라 청사 내 차량순환이 불가능해지는 문제가 발생하고 우회도로가 건설될 경우 청사 경비대, 방문 안내실, 어린이집 등 부속건물 일체를 철거할 수밖에 없어 대체 건물 확보와 방문 안내실 이전 문제 등이 발생할 것이라고 한다.

행안부는 전혀 합의된 바 없다고 하고, 서울시는 합의는 아니나 실무진 선에서 협의는 계속해 왔다고 밝힌다. 서울시 고위관계자는 주차장 공원화 등을 행안부가 수용하지 않으면 광화문광장을 재조성하는 데 상당한 문제가 생긴다고 하면서 행안부청사가 세종시로 이전하면 여유 공간이 생기면서 협의 여지가 있을 것이라고 말한다. 이에 대해 당선작 설계자인 진양교 CA 조경기술사사무소 대표는 "설계지침에는 (정부서울청사 부지가) 청와대 이전 예정부지로 제시돼 있었다. 행안부와 서울시가 발전적으로 논의해 합의하기 바란다."고 간접적으로 입장을 밝힌다.

행정안전부와 서울시는 불필요한 오해를 불식시키기 위하여 1월 24일 관계자 회의를 열고 광장 조성을 위해 적극 협력하고, 양측의 의견을 충분히 조율해 나가며, 과장급 실무협의체를 구성 운영하기로 한다고 발표한다. 같은 날 김부겸 장관은 설계안을 절대 받아들일 수 없다고 한겨레 기자에게 말한 것에 대하여 박 시장은 절대 안 되는 일이 어디 있냐고 반발한다. 이를 두고 언론에서는 차기 대선을 두고 양자 간의 기싸움 아니냐는 시각으로 보도한다.

양측의 협의 노력에 다시 진영 신임 행정안전부 장관이 '당장 구체적인 합의가 어렵다'고 쐐기를 박으면서 서울시에 '경복궁 월대 발굴조사 늦춰 달라'는 공문을 발송한다. 서울시는 이에 대하여 광화문광장 재구조화 사업은 서울시와 중앙정부의 공동으로 추진하는 문재인 대통령의 '100대 국정과제'이기에 예정된 일정대로 추진한다고 발표한다.

행안부의 반대에도 서울시는 2019년 8월 8일 자로 세종로 지구단위계획 변경을 고시하는데 사직·율곡로를 없애고, 정부서울청사 뒤편을 돌아가는 우회도로를 반영한 내용이다. 8월 9일 자로 행안부는 '광화문광장 재구조화 사업 관련 협조 요청(2차)'을 발송하는데 국민과 시민 등의 폭넓은 이해와 지지, 시민단체와 전문가의 참여 속에 추진해야 한다고 보고 전반적 사업 일정 조정이 필요하다는 의견을 제시한 바 있다고 말한다.

엎친 데 덮친 격으로 경제정의실천시민연합 등 11개 시민단체는 서울시가 광장 재구조화 사업을 중단하기를 바란다고 하면서 현상설계 공모 후 서울시가 충분히 시민들의 의견을 들을 새도 없이 형식적으로 절차를 진행하는 것에 대하여 반발한다. 청와대는 행안부가 반대하면 사업은 할 수 없는 것 아니냐며 시민단체도 반대하는데 시민 수용성도 높여야 하니 서울시가 사업을 밀어붙이기보다는 다양한 전문가 시민의견을 들으면서 진행할 것을 주문한다.

행정안전부가 적극 반대하는 것은 다음과 같은 배경이 작동한 듯하다는 의견도 있다. 2021년 준공을 목표로 공사에 들어가면 교통체증, 소음, 먼지 발생 등으로 인한 민원이 충분히 예기되기 때문에 정치적 고려를 한 것 아니냐는 추측이 있었다. 2020년 4월 총선에 부정적인 영향을 미칠 것이라는 것이다. 덧붙여 박원순 시장과 김부겸 행안부 장관은 2017년 대선 레이스에서 문재인의 벽을 넘지 못하고 대선의 꿈을 접은 사람들이다. 2022년 대선 재도전이 유력하다고 평해지고 있으며, 청와대가 대통령 집무실 광화문 이전을 포기하는 발표를 한 것이 결국 행안부의 입장 선회 배경이었을 것이라는 추측이다.

서울시는 행정안전부와 시민단체의 요청사항에 대하여 내부적으로 시민 및 시민사회와의 소통 문제에 대하여 고민에 빠진다. 행안부와의 협조를 얻기 위한 노력은 계속하면서 사업 속도를 늦추거나 정부청사 구역을 사업 범위에서 배제하는 것도 검토한다. 우회도로를 만들기 위해서는 새문안로 5길을 확장해야 하고, 정부청사 민원실, 어린이집 등이 확장 도로 범위에 포함된다. 우회도로를 조성하는 목적이 광화문 앞 월대 발굴과 복원인데 행안부는 정말로 다수 국민이 수긍하는 것인지, 정말로 역사적 상징성이 있는지 의문을 제기하였으므로 구역에서 배제하는 것도 생각한 것이다. 서울시와 행안부는 정부서울청사를 그대로 보존하면서 광장을 확대하는 안에 대하여 사실상 합의한 것으로 알려진다.

시민단체는 2019년 8월 20일 '광화문광장 재구조화, 이대로 좋은가?'라는 토론회를 개최한다. 전문가 아닌 시민의 참여와 힘으로 추진해야 하고, 지금 시점에 조선시대 월대를 복원해야 할 당위성 문제도 논의해야 하고, 교통계획도 대중교통 중심도, 자동차 중심도 아닌 애매하고 일관성이 없으므로 공론화를 촉구한다.

서울시는 8월 27일 광화문시민위원회 시민참여단을 당초 100명에서 170명으로 늘려 워크숍을 개최한다. 하지만 시민단체는 29일 당초 광화문포럼이 제안한 '전면광장·찻길 지하화'안이 세종문화회관 쪽으로 치우친 광장 안으로 변경된 과정에 대한 합의가 없었다고 지적하면서 광장 공사 강행에 대한 반대를 표명한다.

2019년 9월 15일 서울시 관계자는 행안부와 협의, 시민 소통이 다 맞춰진 뒤 다음 해 4~5월쯤 본격적인 공사를 할 것이라고 밝힌다. 박원순 시장은 19일에 시청에서 긴급 브리핑을 열고 시기에 연연하지 않겠다고 발표한다. 8월에 문재인 대통령이 주재한 회의에 이낙연 국무총리, 진영 행정안전부 장관, 박 시장이 모두 참석해 광장 재조성 사업에 대한 관계기관 간 원활한 협력해 나가자고 뜻을 모은다. 당선된 설계안은 수정되거나 새로 설계될 처지에 놓이게 된다.

2019년 10월 10일에 서울시는 새로운 광화문광장에 시민 목소리를 더 치열하게 담겠다고 선언한 뒤 전방위 시민 소통에 나선다고 밝힌다. 4회의 전문가 토론회로 시민들에게 충분한 정보제공, 두 차례 '시민대토론회', 인근 삼청동·사직동·청운효자동·평창동·부암동 등 5개 동에서 주민들과 직접 만나 '현장소통', 마지막으로 '합동토론회'를 실시한다는 계획이다. 또한 '광화문광장 홈페이지' 등 온라인 토론에도 나선다.

이때 논란이 된 몇 가지 쟁점이 광장 조성의 필요성, 광장의 형태, 월대 조성 당위성, 촛불문양 디자인, 교통혼잡, 집회시위 등이다. 먼저 원천적으로 지금 시기에 대규모 광장이 필요하냐는 반대 의견도 있다. 광장의 필요성에 대한 문제 제기보다는 형태를 전면광장화하자는 의견이나 공원화해 달라는 요구가 나온다. 월대 복원이 광장의 교통처리와 직결되다 보니 의외로 반감이 많이 표출된다. 복원의 시급성이나 타당성에서 왕조시대 유산을 왜 지금에 다시 살려야 하는지에 대한 근본적인 의문이다. 촛불 문양 디자인과 관련하여 태극기도 있는데 한쪽만의 입장을 들어주는 것에 대한 반대도 있고, 교통혼잡은 특히 인근 주민들의 초미의 관심사이자 불만사항이다. 광장이 확대되면 집회시위도 잦아져 교통접근성이 나빠지고 상권이 침체되는 것에 대한 대안을 요구한다. 과도한 집회시위에 대해서는 공익적 측면의 제한이 있어야 하며, 박원순 시장은 시민 대표를 뽑아서 광장운영권을 주거나 광장휴식제를 도입할 수 있다고 말한다.

2020년 1월 28일 서울시민재정네트워크, 서울시민연대, 경제정의실천시민연합 등이 모인 '광화문광장 재구조화 졸속추진 중단을 촉구하는 시민사회단체'는 서울시청 앞에서 다시 기자회견을 한다. 서울시가 지난해 진행한 공론화 과정에서 공통적으로 확인할 수 있었던 내용이 '광화문광장 전면보행화'이고 월대 복원 등이 우선시되어서는 안 된다고 주장한다.

교통 관련 전문가 토론회에서 전면보행광장을 만들자는 의견이 나온다. 광화문의 동서를 잇는 율곡로·사직로 찻길을 지하화하자는 의견도 나오는데 서울시는 장기적으로 새 광화문광장을 전면광장으로 꾸미는 것을 목표로 한다고 밝힌다. 한 달을 기준으로 서울 도심을 단순 통과하는 차량이 46.3%에 이르므로 이를 줄이는 것을 먼저 시도하고, 도로 폭도 줄여 나가면서 2030년까지 도심교통량을 30% 감축하는 게 목표라고 말한다. 또 4대문 안에 진입하는 차량에 대한 '혼잡통행료'를 부과하는 안도 나온다.

서울시는 2020년 2월 13일 61차례에 1만 2천여 명의 시민, 전문가와의 소통과정을 통해 완성된 '광화문광장추진방향'을 발표한다. 2019년 12월에 시행한 시민의식조사에 의하면 최종적으로는 전면보행화하는 데 대상 시민 1천 명 가운데 70.3%가 공감하고 토론회에 참여한 대다수의 전문가와 시민단체 등도 찬성한다. 단 전면보행화는 현실적 문제를 감안하여 단계적으로 하여야 한다는 의견이 82.9%이다. 정부서울청사를 우회하는 유(U) 자형의 우회도로는 보류되고 사직로의 도로노선은 유지된다. 집회 시위에 따른 불편함을 해소하기 위하여 집회 및 시위에 관한 법률 개정을 국회에 건의해, 오전 0시부터 해뜨기 전까지 옥외집회 또는 시위를 제한하는 내용을 담을 수 있는 안이다.

박원순 시장의 유고로 2020년 7월 10일부터 서울시는 서정협 행정1부시장의 권한대행 체제로 들어간다. 서울시는 9월 28일에 '쉬고 걷기 편한 광화문광장' 공사를 10월 말에 시작한다고 전격 발표한다. 골자는 세종문화회관 쪽의 차도를 없애고 광장으로 편입하는데, '공원을 품은 광장'으로 바꾸는 내용이다. 사계절 변화가 뚜렷한 꽃과 나무를 심을 예정이다. 광장 동쪽으로는 7~9개의 차로를 갖게 된다. 세종대왕과 이순신 장군 동상 이전과 사직로 역사광장은 백지화된다.

시민단체는 2020년 10월 5일 서울시청 앞에서 기자회견을 열고 박원순 전 시장이 지난 5월에 시민단체 활동가를 만나 광화문광장 재구조화사업 중단 의사를 밝혔음에도 불구하고 대행 체제 서울시 공무원들이 졸속으로 재구조화 공사를 결정하고 빠르게 집행하려 한다며 사업 추진 중단을 촉구한다. 편측의 광장 형태는 서울의 상징광장에 어울리지 않고, 오히려 동쪽의 보행자가 서쪽보다 2배에 이르는 점을 감안하지 않았으며, 나무를 심은 공원형 광장은 집회시위를 억제하려는 의도가 되어서는 안 된다고 말한다. 이에 대해 서울시는 흔들림 없이 현재 계획에 따라 추진할 것이라고 밝힌다.

박원순 시장이 광장을 둘러싼 여러 논의와 반대 때문에 고심을 한 것은 사실이다. 2020년 5월 23일 시장공관에서 박 시장이 '사업을 중단하겠다'고 말했다고 시민단체는 주장한다. 한편 같은 날 시민단체와 함께 자문하는 역할을 한 한 광화문광장시민위원회 위원은 위원회 사람들과 시 직원들 앞에서 박 시장이 "사업의 지속추진 의사를 최종적으로 분명하게 밝혔다."고 말한다.[106] 당시 광화문광장추진단장은 "시민단체와의 면담 며칠 뒤에 시장이 시 간부들에게 '어떤 흔들림도 없이 당초 계획대로 사업을 추

---

106) 한국일보, 2020년 11월 16일, 기고 "광화문광장 주인은 시민이다".

진하자."고 말하였다고 전한다. [107]

　서정협 서울시장 권한대행은 2020년 11월 16일 '사람이 쉬고 걷기 편한 광화문광장'조성 공사를 시작한다고 발표한다. 서울시는 시장이 없어도 전임 시장 때 논의한 사업을 흔들림 없이 추진하는 것이 시민과의 약속이라는 설명이다.

　서울시는 소통 부족으로 기습추진 중단을 요구하는 시민단체의 요구에 대하여 입장을 밝힌다. 지난 4년간 시민, 전문가, 시민단체들과 300회가 넘는 소통의 결과 시민과의 약속이자, 시의회에서도 치열한 검토를 걸쳐 예산을 편성해 줬으므로 추진해야 옳다고 한다. 김학진 서울시 행정2부시장은 2020년 11월 18일 서울시의회 정례회 본회의에서 박 시장의 뜻은 사업 시기에 연연하지 않고 시민 소통을 통해 추진하겠다고 한 것이라고 하면서, "올해 2월 시민 소통 결과를 발표하며 현재 발표된 기본적인 방향을 이미 발표했고 실시설계도 완료했다. 의사결정이 완료된 것을 추진하는 것은 당연한 일"이라고 발언한다. [108]

　서울시가 광장을 서쪽으로 넓히는 결정을 한 근거에 대해서도 논란거리가 된다. 시는 시민토론단 268명 중 65%가 이 안을 찬성했다 하는데, 그 숫자가 174명의 찬성인 셈이다. 2021년 1월 18일 시사저널이 발표한 여론조사 결과는 응답자의 56.7%가 광장 재구조화 사업에 반대하는 내용

---

107)　동아일보, 2020년 11월 24일, 이지훈.
108)　중앙일보, 2020년 11월 18일, 허정원 기자.

이다. 서울시는 2019년과 2020년 두 차례 여론조사 전문기관을 통한 설문 조사에 의하면 각각 73%, 85%가 사업을 긍정적으로 보고 있다고 한다.

오세훈 전 서울시장도 당시 안에 대하여 시민 공론화 과정을 요구한다. 특히 광장이 편측에 있어야 한다는 것은 한 건축가의 고집일 뿐이라고 지적한다. 문재인 대통령의 고등학교 동창이고, 지난 9년간 박원순 시장의 도시건축을 좌지우지했다는 사람이 이기심을 채우기 위한 청와대의 입김에서 비롯됐다는 세간의 소문이 사실이 아니길 바란다고 우려한다.[109] 이에 대하여 승효상 전 국가건축정책위원장은 경향신문 기고문에서 현재 광장 공사는 자기와 무관하다고 입장을 밝힌다.

시민단체들은 12월 1일 기자회견을 열고 재구조화사업이 위법하다며 무효확인 소송을 제기한다고 밝힌다. 먼저 절차상 2014년 서울시가 발표한 '2020 서울도시기본계획'에 광화문광장 재구조화사업에 대한 내용이 없는데, 국토의 계획 및 이용에 관한 법률 제25조 1항에 따르면 도시기본계획에 부합되지 않는 도시관리계획은 무효라는 조항을 근거로 든다. 둘째, 국민의 의사가 표출되는 광장의 공사를 강행하는 것은 표현의 자유 등 헌법상 기본권을 침해하는 것이다. 셋째, 권한대행의 업무범위는 현상 유지적 범위이므로 업무범위를 위반했다.[110] 이 소송은 2021년 6월 10일 소송요건을 갖추지 못하여 각하 판결이 난다.

---

109) 국민일보, 2020년 11월 17일, "광화문광장 공사에 목소리 내는 주자들 … 오세훈 합세", 심희정 기자.
110) 한국경제, 2020년 12월 1일, 김남영 기자.

광화문광장 공사에 대하여 비판적이던 오세훈 시장이 당선되자 시민단체는 공사 즉각 중단을 다시 요구하고 나섰고, 광화문광장추진단의 업무보고를 받은 오 시장은 시민 의견을 다시 수렴하는 방안을 보고하라는 지시한다. 당시 서울시의회 의장은 공사 중단은 혈세낭비라며 명확히 입장을 밝힌다.

오세훈 시장은 2021년 4월 27일 서울시청사에서 브리핑을 열어 "깊은 검토와 토론 끝에 광화문광장 조성 공사를 진행하되 현재 안을 보완·발전시켜 완성도를 높이기로 결론 내렸다"고 입장을 밝힌다. 이미 막대한 시민 세금 투입, 공사가 3분의 1 이상 진행되었고 행정의 연속성을 최대한 존중해야 한다고 말한다. 월대 복원사업이 앞당겨지고, 육조거리 흔적 되살리기 등을 추가로 추진한다고 밝힌다. 같은 날짜 경향신문의 기사[111]에는 이런 결정을 두고 "반가운 결정이다. … 무엇보다 지자체장이 바뀔 때마다 이전 사업을 없애는 청산주의라는 고질병을 끊고, 행정의 연속성을 존중한 결단이다."고 반긴다.

2021년 6월 23일 서울시는 역사성 강화, 역사문화 스토리텔링 강화, 주변 연계 활성화 등 3대 보완책을 내용으로 하는 광화문광장 발전계획을 마련했다고 밝힌다. 문화재 발굴조사로 드러난 사헌부 터 등 유구를 원형 보존해 현장 전시하고, 세종이야기와 충무공이야기를 전면 리모델링하며, KT 건물 리모델링으로 지상 1층에 광장과 연계한 공공라운지를 개방

---

111) 경향신문, 2021년 4월 27일, 도재기 논설위원.

하고, 광화문–서울역–용산–한강을 잇는 7㎞ 국가상징거리 조성 연구용역을 연내 착수한다는 것으로 2022년 4월 개장 예정이라는 내용이다.

2022년 8월 6일 11시 광화문광장이 마침내 시민들에게 개방되는데 재구조화 공사를 시작한 지 1년 9개월 만이다. 개장행사의 명칭이 '빛모락'인데 빛이 모이는 즐거움이라는 뜻이라고 한다. 2009년 개장행사의 명칭은 '새빛들이'인데 서울시민의 희망이 광화문의 광화문광장을 통하여 빛으로 펼쳐진다는 의미이다.

'공원 같은 광장'을 콘셉트로 기존 광장의 서쪽(세종문화회관 앞) 차로를 없애며 조성된 광장의 총면적은 4만 300㎡로 이전의 1만 8천 840㎡보다 2.1배 넓고 광장 폭도 35m에서 60m로 확대된다. 녹지는 광장 전체 면적의 4분의 1 수준인 총 9천367㎡로 3배 이상 늘어났고 나무 5천여 그루를 광장 곳곳에 심어 그늘을 만든다. 놀이마당, 문화쉼터, 역사물길과 육조거리, 한글분수, 터널분수 등 놀거리·쉴거리·볼거리·배울거리·즐길거리 등 다양하게 광장 공간을 구성한다.

월대와 해치 복원을 위한 광화문 앞 사직로 도로선형공사는 2022년 7월부터 시행 중으로 기존의 'T' 자형 도로선형이 'U' 자형 구부러진 형태로 바뀐다. 월대 복원사업은 문화재청과 함께 작업하여 2023년 연말에 마무리될 예정이다.

2.

집회시위의 자유

인간이 사회적 동물인 이상 일정한 공간에 모이고, 얘기하고, 행동하는 것은 자연스런 본능적 표출이다. 모이기 위해서는 공간이 필요하고 많이 자유롭게 모이기 위해서는 크고 열린 공간이 있어야 한다. 인간사회의 활동은 무정부상태가 아니라 지배와 복종이 공간적으로 구조화된 국가 내에서 이루어진다. 왕궁, 시청, 법원, 성당, 상가, 시장 등 국가와 사회의 기능적 공간이 필요해진다. 사람이 많이 모이는 곳에 이러한 건조물이 있는 것이 효율적이고 상징적이기에 광장 주변에 건조환경이 집중된다. 만나고 얘기하고 휴식하고 문화 활동을 즐기며 통행하는 일상적 활동과 심각한 공적 문제에 대하여 논의하고 요구하는 비일상적 활동도 벌어진다.

민주주의 국가에서 공적 문제에 대한 논의와 요구는 대의제 민주주의 제도를 채택하고 있으므로 대표를 선출하는 행위와 그들에 대한 감시를 통해 행해진다. 대의제 민주주의가 주인-대리인 관계에서 주인의 의견과 이익을 충실히 대변한다면 문제가 없겠지만 대리인의 무능, 시간과 전문성 부족, 사욕 추구와 배임행위, 당파성으로 주인을 충분히 대표하지 못하고 즉각적으로 대응하지 못한다면 사람들은 열린 공간으로 모이게 된다. 공적 문제의 심각성과 해결책을 요구하기 위해서 모이고 집단적 의사를 표출하는 집회와 시위를 하게 된다. 집회와 시위는 기존의 의사표출과 수렴을 위한 정치적·법률적·행정적 여러 제도적 장치들을 이용하는 것이 복잡하고 시간이 많이 걸리며 잘못 만들어져 있을 때 작동한다. 집회와 시위의 자유는 민주주의를 가능하게 하였고 프랑스 대혁명 이후 '인권선언'에 기본권으로 보장된 이후 세계 각국의 헌법으로 보장되고 있고 우리나라도 예외는 아니다.

광장과 집회시위의 자유와의 관계는 '입술'과 '이'의 관계와 같이 한쪽이 없어지면 다른 쪽의 존재도 어렵게 된다. 광장이 있으니까 많은 사람들이 동시에 모여서 집단적 의사표출을 할 수 있는 것이고, 집회와 시위의 자유가 보장되니까 사람들이 광장에 모이는 것이다. 아테네의 아고라광장에서 직접민주주의가 실천되고, 광장의 발달과정을 보면 과시형 광장에서 저항형 광장으로 그리고 소통형·민주 광장으로 전화하고 있음을 역사가 증명한다. 서양의 도시계획적 광장이 동양에는 없다고 하지만 광장기능을 하는 공공공간은 큰길, 시장과 장터 등에서 발견된다. 물론 민주주의가 없는 왕조시대였기에 그 공간의 역할이 집회와 시위를 보장하고 실천하는 것은 아니었으나, 근·현대에 들어 민주주의·사회주의가 실천되면서 기존의 길과 새로이 만들어진 광장은 집단적 의사표출의 공간으로서 부상하였음은 프랑스 혁명광장이나 러시아의 레닌광장에서도 목도하게 된다.

유럽식 광장문화가 일천한 우리의 경우도 조선시대의 육조거리에서 과시형 광장의 원형을 찾을 수 있고 계몽사상으로 근대적 시민의식이 싹트기 시작한 대한제국 이후 시기에는 저항형 광장을 곳곳에서 발견할 수 있다. 덕수궁 대한문 앞의 3.1운동, 종로 거리의 만민공동회, 광화문 일대의 4.19 혁명광장, 1987년 6.27 서울역·시청·세종로 등 민주광장, 2016년 촛불광장까지의 공공공간의 변형과 활용의 행적을 추적하면 결국 광장은 지배층의 전유 공간에서 피지배층의 전유 공간으로 발전하면서 민주주의의 화합과 소통의 공간으로 자리매김하고 있음을 알 수 있다.

광장의 민주적 발전과 동시에 공공공간에서의 집회와 시위에 대한 정권의 태도 또한 변할 수밖에 없다. 조선시대에는 시민권 개념이 없는 신분제 사회이다. 지배층인 양반들은 거주·이전이 자유로우나 양인, 노비는 허가를 받아야 했던 시대에 집회시위는 민란으로 규정되어 무력에 의한 진압의 대상이었을 것이다. 일제강점기에는 모든 집회시위를 규제하는 내용의 '집회취체령'을 1910년 8월에 만들어 3.1운동을 기점으로 전국 방방곡곡에서 벌어진 '대한독립만세'의 비폭력 평화 가두시위를 총칼에 의해 강제 진압한다. 해방 이후 이승만 정권의 독재정치와 부정선거에 대한 학생들과 지식인들 중심의 집회와 시위를 증가시키고 4.19 혁명을 일으키는데, 정권은 비상계엄령 선포 및 강제 진압으로 맞선다. 4.19 후에 새로 집권한 정권의 무능 등으로 집회시위가 계속되면서 정부는 1960년 7월 '집회 및 시위에 관한 단일 특별법'을 제정하여 집회와 시위를 신고제로 하게 된다. 1961년 5.16 군사쿠데타로 집권한 박정희 군사정권은 약 30년간 유신체제라는 초헌법적 조치를 취하면서 집회시위에 대한 무자비한 탄압으로 일관한다. '집회에 관한 임시조치법'을 공포하여 집회시위 자체를 제한하고, 이후 1962년 12월에 헌법을 개정하여 집회의 자유를 명문화함에도 불구하고 개정된 집시법은 집회시위를 사실상 통제하였다.

르페브르는 집권자들이 특정의 이데올로기를 관철하고자 하는 '공간재현'의 공간적 실천 들은 결국 공간을 이용하는 사람들의 공간적 실천으로 '재현공간'이 공간의 차이를 만들면서 시민이 공간을 온전히 향유하는 '전유'가 가능하게 된다고 한다. 집회와 시위를 어떠한 형태로 규제하고 허가하지 않기 위하여 폭압을 행사하는 것은 그에 대한 반작용으로 폭력 시위를 촉발하게 되고 악순환의 에스컬레이터는 종국에는 '정권타도'의 목적지로 가게 된다. 일제강점기, 이승만, 박정희, 전두환 정권의 몰락은 집회시위에 대한 억압은 영구적일 수 없고 민주화에 대한 시민들의 열망은 지속되리라는 것을 말해 준다. 공간의 주인은 시민이고 정권은 임차인이기에 일상적이지 않은 비상시의 주인-대리인 관계는 주인인 시민을 광장으로 직접 불러내게 된다.

미국의 법원 판례를 통해 발달된 '공적광장이론'에 의하면 '전통적 공적광장'의 경우 집회시위를 제한할 경우 엄격 심사를 받게 된다. 전통적 공적광장이란 오랜 전통이나 정부의 명령에 의해 집회나 토론에 제공되었던 공간으로 소유권이 정부에 있는 재산이다. 물리적인 특성과 객관적 역사적으로 어떻게 사용되어 왔느냐에 의하여 전통적 공적광장에 해당하는지 여부가 규정되는 것이다. 거리, 공원, 보도 등이 이에 해당하는데 이곳은 집회, 의사소통, 토론 등을 위해 공공에 의해 사용되어 왔기 때문에 모든 표현행위를 금지해서는 안 된다. 표현에 대한 정부규제는 높은 단계의 심사를 받아야 하는데 긴절한 정부이익을 달성하는 데 필요하고 그 목적을 달성하는 데 엄밀하게 맞춰져야 한다.[112] 최근 용산 국방부 앞 집회시위신고에 대한 법원의 판단도 비슷한 기조인 듯하다.

현행 집회 및 시위에 관한 법률은 기본적으로 집회와 시위의 자유를 보장하고 예외적으로 해서는 안 되는 경우를 규정한다. 따라서 헌법재판소와 대법원은 헌법상 집회의 자유를 폭넓게 인정하는 경향을 보인다. 과거 집회 및 시위에 관한 법률 제10조는 '해가 뜨기 전이나 해가 진 후'의 야간 옥외집회시위를 금지하고 미리 신고하면 경찰서가 허용할 수 있도록 규정하였는데, 2009년 헌법재판소는 이 조항에 대하여 헌법불합치 결정을 내린다. 헌재가 정한 2010년 6월 30일까지 국회가 법을 개정하지 않아 해당 조항은 효력을 상실한다.

2003년 헌법재판소는 집회시위의 자유는 집회 장소 선택의 자유까지 포함하는 것이라고 했다. "집회 장소는 특별한 상징적 의미를 가진다. 국가권력에 의하여 주목받지 못하는 곳에서 의견 표명을 하게 된다면 기본권 보호가 의미가 없다. 어떤 장소에서 집회를 할지 자유롭게 결정할 수 있어야만 집회의 자유가 비로소 보장되는 것이다."고 밝힌다.

2003년 10월 헌법재판소는 외교기관 주변이라도 대규모 시위로 확산될

---

112) 박승호, 2013, 〈표현의 자유와 공적광장이론〉,《법학논고》 41, p 295-297.

우러가 없거나 외교기관의 업무가 없는 휴일에 진행되는 집회는 허용한다. 2009년 6월 헌법재판소는 경찰이 고 노무현 전 대통령 추모행사가 열린 서울광장을 전경버스로 둘러싼 데 대한 "극단적인 조치로 일반적 행동 자유권을 침해한 것이다. 불법집회 가능성이 있다 하여도 이를 방지하기 위한 조치는 최소한 범위에서 이뤄져야 한다."며 위헌 결정을 내린다.

헌법재판소는 2011년 6월 30일 "경찰청장이 서울광장을 경찰버스로 둘러싸 시민들의 서울광장 통행을 제지한 행위는 시민들의 기본권을 침해한 것."이라고 차벽설치에 대하여 위헌결정을 내린다.

대법원은 집회 사전신고제와 관련하여 "미신고라는 이유만으로 집회를 해산하는 것은 집회의 사전신고제를 허가제처럼 운용하는 것이나 다름없어 집회의 자유를 침해한다."고 판결한다.

박근혜 탄핵집회와 관련하여 시민단체들이 세종대로 행진을 신청하였는데 경찰은 집시법시행령상 세종대로가 주요 도시의 주요 도로로 지정되어 있으므로 교통유지를 위해 금지통고 처분을 내린다. 이에 대하여 촛불집회 거리행진을 금지 통고한 처분을 정지해 달라고 서울경찰청을 상대로 집행정지 신청을 낸다. 서울행정법원은 위 집행정지 신청을 받아들이면서 금지통고 처분으로 보호할 교통소통의 공익이 집회시위의 자유를 보장함에 비해 크다고 보기 어렵다고 판단이유를 밝힌다.

집회시위의 자유와 관련하여 눈여겨볼 부분이 평화적 집회의 가능성이다. 과거 권위주의 정권시대에는 집회와 시위에 대하여 철저하게 억압적 입장이었기에 정당한 의사표시의 통로가 막히게 되면서 시위가 물리력을 동원한 폭력화 과정으로 자연스럽게 전개될 수밖에 없었다. 집회에서 충돌이 발생하는 과정을 보면, 주최 측의 집회 신고에 대하여 경찰이 허가를 안 하고 주최 측은 그럼에도 집회를 강행하면 경찰은 불법집회로 간주하고 저지하는 과정이 자연스럽게 물리적 충돌을 초래하게 된다.

집회와 시위는 저항의 가시적 수단이 된다. '서울시 집회시위 발생공간의 특성과 변화'[113]에서는 "저항과 권력은 모두 쟁취된 장소를 통해서 … 구성된다. … 권력에 의한 공간의 생성과 통제는 공간을 구획하고, 구획된 공간을 차별화시키며, 경계와 표식을 사용하고, 서로 다른 경계 사이에 이동을 통제하는 과정이다. 따라서 저항은 바로 지배의 공간적 질서를 혼란시키기 위한 노력으로 이해된다."는 주장은 음미할 대목이다.

1988년 노태우 정부 때부터 2010년 노무현 정부 때까지 집회시위 건수는 계속 늘어나는 데 불법폭력시위 건수는 노태우 정부 때 3,433건, 김영삼 정부 627건, 김대중 정부 126건, 노무현 정부 86건, 이명박 정부 56건으로 드라마틱하게 줄어든다.[114] 1987년 민주화 이후에 사회적 문제해결을 하는 다양한 장치들이 작동하고 있는 것도 이러한 추세를 만드는 데 기여하

---

113) 정희선, 〈서울시 집회시위 발생 공간의 특성과 변화 : 1990-2003〉, 《지리학연구》 제38권 4호, p 449.

114) 홍영기, 2011, 〈집회시위 군중의 집합행동에 관한 연구〉, 《한국범죄심리연구》 제7권 제1호, p 252.

였을 것이다. 국회, 시민사회와 활동가들, 지방자치제하의 자치단체장과 지방의회의원, 직능단체, 언론·방송, 사회관계망서비스 등 다양한 의견전달 통로가 있고 사법제도의 정비로 사후 법적구제도 이루어지고 있다.

뿐만 아니라 평화적 집회시위를 통한 문제해결과 경험이 누적되고 있다. 촛불집회에서 그 많은 남녀노소의 사람들이 질서 있게 자기가 있던 자리의 쓰레기를 치워가며 비폭력 평화시위를 전개한다. 주권자로서의 성숙된 의식과 책임 있는 모습을 보여 준다. 과거 군사정권이나 권위주의 정부는 국민을 주권자로서보다는 자신들의 지배를 합리화해 주는 거수기로 여긴다. 국회의원이 뽑히지만 권력과 재력에서 자유롭지 못하고, 민의를 왜곡되게 반영하면서 간접민주주의의 한계만 더욱 드러낸다. 국민들이 자신의 요구와 절규를 드러낼 방법은 광장에서 직접 목소리를 높이는 것인데 이를 못 하게 막으니까 폭력화되었던 것은 아닐까? 결과적으로 촛불집회는 시민성을 직·간접적으로 증진시키고 공동체 의식을 한 단계 끌어올린 것이다.

특히 광화문 촛불집회를 통해 평화로운 집회시위를 해도 원하는 것을 쟁취할 수 있다는 것을 사람들이 경험한다. 2016년 10월 27일 시작돼 장장 134일간 진행된 광화문 촛불집회에 전 국민의 3분의 1에 가까운 1600만여 명이나 광장으로 나왔는데 비폭력 평화집회가 가능했던 것은 문화재 행사로 광장에서의 집회가 보장되니까 사람들의 비폭력 평화시위가 가능해진 것으로 해석된다.

2017년 민주노총은 최저임금 1만 원 인상활동을 벌여 온 '만원행동'과 공동으로 대규모 집회를 개최한다. 6월 30일 5만여 명이 비정규직 철폐와 최저임금 1만 원, 노조할 권리를 외치며 모인다. 경찰은 차벽을 설치하지 않았으며 6000여 명의 경관만 배치해 질서유지와 집회 안전관리를 한다. 당시 참석한 한 건설 노동자는 경찰이 평화로운 집회만 보장하면 노동자들도 충돌 없이 질서를 지킬 것이라고 얘기한다.

집회의 자유는 헌법이 보장하는 기본권이고 현행 집회 및 시위에 관한 법률은 원칙적으로 집회와 시위를 허용하고 있으며 헌법재판소나 대법원 등도 집회 및 시위의 자유를 허용하는 쪽으로 입장을 보이고 있다. 집회시위의 양태도 과거 폭력적이고 불법적인 것에서 평화적이고 합법적인 쪽으로 전개되고 있다. 집회와 시위의 자유에 대한 법적 보장 강화추세와 평화적 집회시위의 경험이 쌓이고 있는 현시점에서 광화문광장에서의 집회시위에 대한 입장 정리가 필요하다.

광화문광장에서의 정치적 집회 허용 여부는 2009년 광장 개장 이후 계속되고 있다. 찬성하는 측의 논거는 헌법에 집회의 자유가 보장되어 있고, 광장의 기원이나 역사적 발전과정에서 민주주의를 실천하는 공간이므로 허용되어야 한다는 것이다. 반대하는 측의 논리는 광화문광장은 문화공간이지 정치공간이 아니고, 조성목적이 시민의 여가선용과 문화행사 등을 위한 것이므로 시민의 휴식권을 보장하라는 것과 주변 여건이 청와대, 미 대사관 등 집회 장소로 적합하지 않다는 것이다. 덧붙여 소음, 혼란, 교통혼잡 등으로 도심마비와 시민불편 가중을 반대이유로 든다.

참여연대 등 시민사회단체들은 시민의 표현의 자유를 보장할 목적으로 2009년에 '서울광장 조례 개정운동'을 벌여, 12월에 10만 명이 넘는 서명을 받아 사용을 허가제에서 신고제로 바꾸는 내용의 조례 개정 청구안을 청구하였으나 본회의에 상정되지 않았다. 2010년 6.2 지방선거에서 민주당이 승리하면서 신고제안을 다시 추진한다. 참여연대가 2009년에 좌절된 청구안을 확대하여 서울광장, 광화문광장, 청계광장, 세운초록띠광장에 관한 조례를 통합한 새로운 조례안을 제안하면서 허가제를 신고제로 바꾸고, 문화·여가 활동으로 제한된 광장 사용의 목적에 공익적 행사 및 헌법이 보장하는 집회를 추가하여 진정한 집회시위의 자유를 보장하겠다는 것이다. 하지만 시민의 광장 이용에 너무 많은 불편을 초래한다는 이유로 서울광장만 신고제로 전환한다.

2011년 10월 서울시의회는 광화문광장 사용 시 사용신청 및 허가를 사용신고 및 수리로 변경하여 원칙적으로 모든 집회와 모임을 허용하는 '광화문광장의 사용 및 관리에 관한 조례 일부개정 조례안'을 발의한다. 하지만 상위법인 '공유재산 물품관리법'에 따르면 공유재산은 시의 허가를 받아서 사용하게 되어 있으므로 광화문광장은 기본적으로 허가를 받고 사용하는 게 맞다는 주장이 나온다. '집회 및 시위에 관한 법률'은 '국내 주재 외국 대사관 100m 이내에서 집회나 시위를 할 경우 경찰의 허가를 받아야 한다'고 규정되어 있어 서울시의 신고수리가 되어도 미국 대사관이 있는 광화문광장에서의 실효성이 문제된다.

현재 서울특별시 광화문광장 사용 및 관리에 관한 조례는 허가제로 되어 있다. 서울시는 광장 사용 목적 등을 고려하여 허가할 수 있고, 허가된 경우에도 취소할 수 있게 되어 있다. 2010년도에 광장을 신고제로 추진하던 시민단체는 '제한된 신고제'로 광장 사용을 바꿔야 한다고 주장한다. 서울시가 광장 사용을 독점하거나 자의적 판단을 통해 광장 사용의 허·불허를 결정할 것이 아니라, 서울시는 광장 사용이 중복될 경우 이를 조정하는 것으로 한정하자는 내용이다.

광장 사용은 허가제로 여가 및 문화 활동 목적으로만 사용할 수 있게 되어 있지만 '문화제'란 이름만 붙이면 위 규제를 쉽게 회피할 수 있다. 정치집회라도 문화공연이 포함되어 있으면 이를 막을 방법이 없다는 것은 과거 박근혜 대통령 탄핵을 위한 촛불집회가 방증한다. 또한 광장을 조금만 벗어나면 서울시 허가를 받지 않아도 된다. 집회시위 기획자들은 광장 인근에 집회 신고를 내고 광장까지 점거하는 경우가 많다. 광장 인근 도로 점거 집회를 요구하는 경우가 많은데 경찰은 집시법상 주요 도로에 해당하므로 집회행진을 금지할 수 있으나 실제 행진을 막는 경우가 많지는 않다.

그동안 광화문광장의 허가제를 완화하자는 움직임에 걸림돌로 작용했던 청와대가 용산 국방부청사로 이전하였고 미국 대사관도 조만간 이전할 예정이다. 경찰 허가의 초점이 집시법상 집회 장소와 관련되는 경우가 많은데 대통령관저가 있는 청와대와 미 대사관이 있는 광화문광장은 100m 제한에 해당하므로 그동안 허용이 되지 않은 것이다. 반면에 제왕적 대통령제하에서 막강한 권한을 행사하는 대통령이 문제해결의 열쇠라는 것은 집회시위 기획자나 참가자 모두가 알고 있는 사실이기 때문에 광화문광장 공간영역은 가장 효과적인 장소였으나 최근 용산 국방부청사 부근으로 집회와 시위가 옮겨 가는 양태를 띠고 있다.

또 정치집회라도 문화제라는 이름으로 우회하여 개최하거나 광장 인근에 집회신고를 하고 광장을 점거하는 현실을 감안할 때 허가제 유지의 명분과 실익이 없으므로 전향적으로 허가제를 재검토하여야 할 것이다. 집회 및 시위에 관한 법률도 개정하려는 움직임이 있다는 점도 참고하면 될 것이다. 100m 이내 거리제한 완화, 거리제한 대상 축소, 단순행진이나 휴일에는 허용하는 등의 내용이다.

광장 사용 목적으로 여가선용과 문화생활이라고 한정되어 있는데 시민들의 다양한 의사표현이 가능하게 허용되어야 한다. 광장 사용 허가제와 관련해서도 '제한된 신고제'로 하자는 주장도 참고할 만하다. 서울시가 허가 여부를 결정하는 것이 아니라 광장 사용이 중복될 경우 이를 조정하는 수준으로 서울시의 역할을 한정하는 내용이다. 허가제가 불가피하다면 광장 사용 허가 여부를 결정하는 위원회의 구성에 있어 중립성과 공정성을 담보할 수 있는 방안을 고민하여야 한다. 광장의 주인은 시민이고 광장은 본질적 기능은 공론장이다. 시민들의 공론화가 필요한 지점이다.

3.
육조거리의 정확한 위치 · 형태

2022년 새로 재탄생한 광화문광장은 세종문화회관 쪽(서측)으로 붙여진 형태로 조성된다. 조선이 개국되면서 한양으로 천도하는 과정에서 도심의 중심축을 백두대간 한북정맥의 북한산과 한남정맥 관악산을 잇는 일직선에 두었고 경복궁과 육조거리도 그 선상에 축조된 것이라는 주장이 역사 복원의 명분으로 많이 작용한다. 역사 축은 공간적으로 정확히 어떤 모습으로 구현되어 있었는가, 서측 광장 주장이 타당한가?

광화문광장이 개장된 직후 2009년 8월 25일 자 경향신문에 서울시 이인근 도시기반시설 본부장과 건축연구소 이로재 승효상 대표 간의 토론이 실린다. 승 대표는 서울시가 광장을 만든 것 자체를 반대하는 것이 아니라 잘못 만든 게 문제라고 하면서, 옛날 육조거리의 위치를 정확히 확인하게 되면 광장이 세종문화회관 쪽으로 붙게 될 것이며 더욱 역사적 정통성과 진정성을 갖춘 광장을 만들 수 있었는데 놓쳤다고 지적한다. 그러면서 2009년에 만들어진 광장이 우리의 전통적인 북한산에서 관악산을 잇는 서울의 축과 5.6도 틀어진 일제잔재의 왜곡된 축을 따라 만들어졌다고 주장한다.

승 대표는 2010년 1월 5일 자 경향신문 인터뷰 기사에서는 중앙 배치 광화문광장은 "발상 자체가 굉장히 보수적이고 과시적인 바로크 시대적인 거."라고 비판적 견해를 밝히면서 "세종로는 일제가 만든 왜곡된 축에 따라 형성된 것인데, 제 안은 원래의 축에 따라 광장을 광화문에서 오른쪽으로 돌려서 세종문화회관 쪽으로 붙이는 것."이라고 설명한다.

서울시 총괄건축가이던 시기에는 2014년 9월 30일 한겨레신문과의 인터뷰에서 "정도전이 (한양) 계획을 세울 때 북악산에서 관악산을 잇는 일직선상에 경복궁의 축이 놓이도록 했다. 광화문광장을 세종문화회관 쪽으로 붙이면 역사축도 살고 광장도 산다."고 말한다. 오세훈 시장의 당선자 시절에 '세종문화회관 쪽으로 광화문광장을 붙여서 만드는 것이 역사성으로 볼 때도 적절하다'는 의견을 오 시장에게 제시했지만 오 시장이 여론조사를 하겠다고 하면서 설문에 '중앙 광장'이냐 '편측 광장'이냐고 물은 것이 의도적인 것 아닌가라고 문제 제기한다. 편측이라는 표현이 문제라는 것이다. 역사적 지식이 충분하지 않으면서 중앙을 찬성한다는 여론조사로 광장을 조성한 것은 정치적이라고 주장한다. 도시구조에 비전문가인 시민들이 당연히 '중앙'이 바른 것으로 판단할 수밖에 없는 것 아니냐고 말한다.

이 일련의 주장에 대하여 엄밀히 구별하여야 할 논점이 있다. 조선시대 경복궁과 광화문의 공간적 배치와 육조거리의 공간적 배치가 일직선상에

이어져 있었느냐, 아니면 광화문 앞 일정 지점에서 휘어지는 형태였느냐
는 역사적 사실 공방이다.

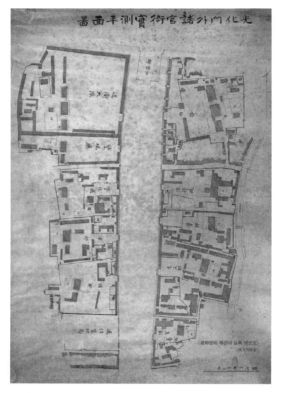

그림 40 국가기록원, 광화문외 제관아 실측 평면도, 휘어
진 육조거리 모습

수도로서 한양의 축선은 북한산-북악산-경복궁-광화문-숭례문-관악산
을 의미하고 경복궁과 광화문은 그 방향으로 공간적으로 구현되어 있는
데 반하여, 당시 실제로 만들어진 육조거리에서는 부분적으로 반영된다.

서울시에서 발행한《세종로 이야기》를 보면 광화문 앞의 월대와 의정부와 예조가 있는 길이 130m 구간만 경복궁과 같은 축선에 배치되어 있고 나머지 부분은 틀어지게 건설되어 있다고 옛날 지도와 함께 보여 준다. 이는 관악산 화기에 대한 대책을 담은 것으로 보인다고 덧붙여 설명한다. 광화문 앞의 육조거리는 처음부터 직선이 아니라 휘어지게 만들었다는 것이다. 1907년(추정) 육조거리 실측도면 '광화문외제관아실측평면도'(국가기록원)을 봐도 광화문-육조거리 축이 휘어 있다. 서울시 역사박물관의 육조거리 복원사진도 휘어지게 나온다.

2021년 5월 12일 자 조선일보 기사에서는 전 국가건축정책위원장 승효상의 육조거리에 대한 언급이 문제가 있다고 지적한다. 승 위원장이 2019년 1월 28일 광화문광장 공모 당선작 발표회에서 공모 심사위원장으로서 "육조가로로 쓰였던 곳인 만큼 가운데가 공간이 비워진 곳이어서 유물이 없다. 다만 육조를 형성했던 관어가의 담장 부분은 기초가 발견될 가능성이 농후하다."라고 말하는데, 실제 서울시의 발굴조사 내용을 보면 기껏해야 담장 정도가 아니라 삼군부 행랑과 다른 건물터들이 튀어나오고 있으므로 원래 육조거리라고 그가 주장한 공간이 텅 빈 거리가 아닌 게 된다.

육조거리의 도로 폭의 경우도 조선건국 당시에는 53m로 지금보다 좁았고 균일한 넓이도 아니었다. 광화문 네거리 쪽으로 가면서 좁아지는 형태이다. 반면 2005년 세종로는 폭 100m, 총 길이 600m에 달하는 왕복 16차선 도로이다. 2006년도 광화문광장 중앙 배치안이 폭이 35m인데 세종로 100m의 폭 어느 위치를 당시 육조거리가 차지하였는지는 광화문광장 재조성 사업부지 내 유적 정밀발굴조사에서 발굴한 육조거리 서측 관아 터의 선형을 보면 확인할 수 있을 것이다. 서울시 광화문광장 홈페이지에 공개된 매장문화재에 대한 다큐멘터리 영상(1)에 보면 육조거리 서측의 관아들의 위치가 나온다. 광화문 앞쪽부터 삼군부, 사헌부, 형조, 공조 등 이 현재 새롭게 광장으로 편입된 5차선 도로의 상당 부분을 차지하고 있 는 것으로 보인다. (그림 41에서 각 관아의 앞쪽으로 표시된 부분이 유구 와 유적이 나온 발굴현장이고 그 오른쪽으로 기존의 광화문광장이 보인 다.) 1~2개 차선 정도의 공간을 띄워 두고 2009년 조성된 광화문광장과 면하고 있다. 당시 중앙 배치안이 35m이므로 2009년 만들어진 광화문광 장의 상당 부분이 조선시대 육조거리 내에 위치해 있었을 것으로 추정된 다. 이 부분은 원래의 육조거리와 1966년과 1970년 두 차례에 걸친 세종 로 확장 지도(그림 43)에서 확인할 수 있다.

그림 41 서울특별시 광화문광장 홈페이지, 다큐 〈육백 년 전 조선을 만나다 (1)〉

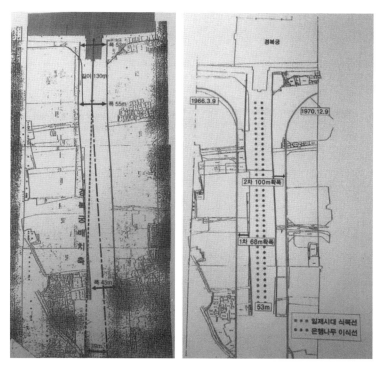

그림 42 서울특별시, 《세종로 이야기》, 휘어진 육조거리
그림 43 서울특별시, 《세종로 이야기》, 세종로 2차 확장과 은행나무 이식, 과거
　　　　　육조거리가 세종로 중앙에 위치하였음을 추정케 해 준다.

　두 번째 오 시장이 2006년 광장 배치안을 두고 여론조사를 하겠다고 하면서 설문이 '중앙 광장'이냐 '편측 광장'이냐고 물은 것이 의도적인 것 아닌가라는 주장이다. 서울시의 여론조사가 다분히 정치적인 것 아니냐는 의혹 제기인데 그러면 '편측'이 아니면 뭐라고 표현해야 한다는 주장인지 궁금하다. 한쪽 측, 한 방향 측, 서 측, 세종문화회관 측 ⋯ 문제가 아닌 것도 문제 삼으면 문제가 되는 것이다.

거꾸로 당시 서측 배치안 결정과 관련된 의혹제기와 서측 배치안에 대한 시민 여론조사에 대한 문제가 있는 것 아니냐는 언론 보도가 있었는데 뭐라고 답할지 궁금하다.

2019년 7월 30일 자 한겨레 신문에서는 서울시가 광장 국제 설계 공모를 하는데 이 공모에 700여 명의 지원자 가운데 70여 개의 응모작밖에 없는 이유는 서울시가 광화문 앞 역사광장, 세종문화회관 앞 시민광장이라는 대원칙을 이미 세워 놓고 있었고, 그것은 2005년 처음 제시된 '이로재-문화재청안(일명 승효상안)'이고 이 설계 공모의 심사위원장이 승효상 국가건축정책위원장이라고 밝힌다.

2021년 1월 26일 자 문화일보는 2020년 6월에 실시한 여론조사 결과를 분석해서 보도한다. 이 조사에서 서울시는 공원화된 멋진 조감도를 보여주고 바로 밑에 "현재 광화문광장은 차도로 둘러싸인 단절된 공간으로 소음, 매연, 휴식 공간 부족 등으로 시민의 일상적인 활동이 어렵다. 전문가의 제안과 시민의 뜻을 담아 세종문화회관 쪽으로 (서쪽) 광장을 넓히고 현재 보도와 도로인 구간에 식재와 쉴 공간을 조성해 시민 이용성과 보행성을 증대하려고 한다."고 설명한 뒤, 광화문광장 재구조화에 대하여 어떠한지 묻는다. 서울시민의 85% 이상이 긍정적으로 답변한다.

조선왕조의 한양 역사 축이 서측이지만 공간적 구현에서 경복궁·광화문과 그 앞 육조거리의 일부 130m에서만 구현되고 나머지 구간은 휘어지게 조성되었다는 것은 역사적 사실로 보인다. 서울시는 2022년 8월 6일부

터 광화문광장 재조성 사업부지 내 유적 정밀발굴조사에서 발굴한 육조
거리 서측 관아터 중 사헌부의 담장, 출입문터, 행랑 유구를 전시하고 있
다. 사헌부청사의 담장과 출입문터 위치가 정확히 나타나 있는데 세종문
화회관에서 상당히 떨어져 있다. 조선의 역사 축으로 서측으로 광장을 배
치하여야 한다는 주장은 부분적으로 타당할지 몰라도 역사적 정통성 있
는 의견으로 받아들이기 어렵다.

  민족정기의 회복과 역사의 복원을 위해서 서쪽으로 광장의 모양을 만
들어야 한다는 주장은 일면으로는 맞지만 전적으로 옳은 것만은 아니라
는 것이다. 결국은 역사의 창조적 복원이 실현돼야 한다는 것이다. 가능
한 최대한 되살리되 현재의 여건, 필요, 여론, 미래로의 웅비를 위하여 새
롭게 재해석되고 공간적으로 구현돼야 한다.

4.
전면보행광장화

광화문광장의 전면보행광 장화 아이디어는 2006년 처음 광장의 형태 논의 때부터 나왔고, 그 이후에도 지속적으로 제기된다. 서울시는 100년이 갈 수 있는 광화문 광장 개선의 방향과 원칙을 마련하기 위해 2016. 9. 광화문광장 개선 방안에 대한

그림 44 서울특별시, 2017년 시민토론회 보도자료, 전면보행광장 조감도

공론화를 위해 '광화문포럼'을 구성한다. 광화문포럼은 20차례 회의를 통해 "광화문광장 개선의 방향과 원칙"을 발표하였고 서울시는 포럼에서 나온 방향과 원칙을 바탕으로 기본계획을 발표한다. 포럼은 2017년에 광화문 앞 전체를 보행광장으로 조성하고 사직로와 율곡로를 곡선 형태로 지하화해서 월대와 해태를 제자리에 두는 방안을 제시한다. 전면보행광장화 안은 채택이 되지 않는데 주된 이유는 지하차도 진출입구로 인한 도심

경관 훼손, 대규모 공사로 인한 장기간 시민 불편, 사업의 경제성 측면(예산 약 5천억 원)에서 우려이다. 박 시장이 임기 내 치적을 고려하여 너무 긴 공사 기간이 소요되는 이 안이 채택되지 않은 것이라는 정치적 해석도 있다.

오랜 세월의 논쟁을 거쳐서 겨우 지금 재탄생한 광화문광장을 전면보행광장화하자는 주장은 너무 이른 것이라는 비판이 있을 것이다. 지금 당장 바꾸자는 주장은 아니다. 오세훈 시장도 2022년 8월 6일 광장 재개장 행사 인사말에서 20여 년쯤 뒤에 자율주행차가 다니고 도심항공모빌리티로 도심교통환경이 혁명적으로 바뀔 즈음에 전면보행광장화가 되지 않을까 하는 뜻을 밝힌다. 필자도 현재 재탄생한 광화문광장도 마침표가 아니고 쉼표이자 진행형이기에 시민들이 지속적으로 요구한다면 미래에도 더 나은 방향으로 만들어져야 하지 않을까 하는 바람을 말하는 것이다. 도시는 완성되는 게 아니고 태어나서 계속해서 변증법적으로 변화하고 진화하는 것이다. 르페브르는 《공간의 생산》에서 공간이 갖는 세 가지 층위인 공간재현, 재현공간, 공간적 실천이 주체들 간의 대립과 투쟁을 통해서 궁극적으로는 시민들이 전유하는 공간으로 발전해야 한다고 주장한다.

필자가 장기적으로 '전면보행광장화'를 주장하는 논리는 다음과 같다.

첫째, 서측 세종문화회관 쪽으로 확장된 현재의 광장 형태 채택의 주된 논리인 조선시대 역사의 축 복원이 부분적 사실에 근거한 주장이라면 서측 확장 형태의 광장을 계속 고집할 명분이 사라진다. 조선시대 경복궁의 전각과 광화문은 관악산 쪽으로 만들었지만, 육조거리는 광화문 앞의 시작 부분만 관악산 방향으로 배치하고 일정 지점부터는 휘어져서 내려오게 조성되었다는 것이 역사적 사실로 보인다. 서측 광장 주장이 잘못된 역사 인식에 기초한 지배관계를 공고화하고 확대 · 재생산하려는 이데올로기의 공간재현 의도가 아닐지 몰라도, 광장의 주인인 시민의 재현공간은 소통하고 화합하는 공론장으로 실질적 · 내용적 민주주의의 실천 공간이다. 따라서 2009년의 중앙 배치안도, 2022년의 서측 배치안도 역사의 단순한 복원이 아닌 창조적 재해석의 선상에 놓여 있다고 본다면, 미래의 광장도 대한민국의 웅비를 상징하는 모습으로 재탄생하여야 할 것이다.

둘째, 전문가와 많은 시민들이 장기적으로 전면보행광장화를 찬성한다. 2006년 광장 조성 시 '도심재창조시민위원회'에서도 중앙 배치안을 추천하였으므로 최종안으로 확정하는데, 당시 제시된 주요 의견은 도로를 지하화하거나 우회로를 활용한 전면광장화가 바람직하다는 것이다. 2019년 8월 서울시민을 대표하는 '광화문시민위원회' 위원들의 인터뷰 기사에는 위원회가 긴 논의 끝에 내린 결론은 '광화문은 긴 안목에서 봤을 때 100% 시민 보행 위주로 가야 한다.'는 것이라고 밝힌다.[115] 같은 해 12월에 서울시가 정리한 시민 소통 결과에는 시민토론단 268명 가운데 82.9%가 '전면보행공간 조성을 추진하되 단계적으로 진행되어야 한다.'고 나온다.[116]

---

115) 세계일보, 2019년 8월 22일, "광화문광장 재구조화, 장기적으로 100% 보행 위주 가야", 송은아.

116) 한겨레, 2020년 2월 13일, "광화문광장, 장기적으로 '전면보행광장' 된다", 채윤태.

셋째, 서측으로 광장과 도로의 형태가 만들어지다 보니까 서울의 얼굴이라 할 중심지의 모습이 비정형성을 띠면서 심리적 불안감을 준다. 세계 어느 대도시에도 비정형적인 도시설계를, 그것도 가장 중심지 건조환경에 구현한 예는 많지 않을 듯하다. 2009년 만들어진 광화문광장의 형태를 시민들과 전문가들이 중앙 배치안으로 선정한 것도 중앙 배치가 가져다주는 심리적 안정감이 고려되었을 것이다. 새로 조성된 서측 광장으로 기존의 광장 중앙에 있던 이순신 장군과 세종대왕상이 오른편 도로 한 켠으로 밀려나는 문제도 있다.

넷째, 미래의 도시관리 패러다임은 자동차 중심에서 보행자 중심, 인간 중심이 될 것은 자명하고 그래야 하고 그렇게 되고 있다. 특히 자율주행 자동차의 시대를 목전에 두고 있는 시점에서 자동차를 중심으로 한 과거의 모빌리티 개념은 공유차량으로 변하게 된다. 교통량이 감소하고 차도나 노상주차시설과 같은 도로시설이 줄어들게 된다. 지구온난화의 주범인 자동차에서 배출되는 이산화탄소를 줄이기 위해서라도 교통관리의 패러다임을 바꿔야 문제해결이 시작된다. 지속 가능한 교통체계는 접근성과 환경성이 중요하게 된다. 보행과 자전거 중심의 친환경교통체계를 구축하게 되면 도심공간의 우선순위는 이제 더 이상 자동차가 아니다. 서울시는 사람 중심의 교통체계를 만들기 위해 다양한 보행친화도시 조성 사업을 추진 중이다. 도심을 녹색교통진흥특별지역으로 지정하여 집중적으로 관리하면서 승용차에 배분된 도로를 보행, 자전거, 대중교통 지원공간으로 전환하면서 도심의 주요 도로를 축소하고 있다. 극단적으로는 4대문 안 전체를 차량통행금지구역으로 지정하고, 서비스와 물류이동은 시간제로 하자는 의견도 있다.

하지만 도심경제가 유지되기 위해서는 자동차의 기능을 무시할 수 없는데 지상을 보행자, 자전거에 내준다면 그 대안으로 고려할 수 있는 공간은 지하공간이 된다. 자동차 통행 지하터널을 구축하기 위한 공법도 과거보다 경제적이고 효율적이며 안전한 것으로 계속 진화하고 있고 지하도로에서 배출되는 배기가스 환기시스템과 정화시스템도 마찬가지로 발전하고 있으므로 광장 통과 도로의 지하화는 기술적으로 충분히 구현 가능하다고 한다. 문제는 경제적 타당성이다. 광화문포럼에서 당시 광장 지하화에 소요 예산을 5천억 원 정도로 추산하였는데, 한 번에 확보하기는 상당한 금액일 것은 분명하다. 가칭 '광화문광장 전면보행광장 조성을 위한 기금'을 설치해 장기적으로 준비한다면 가능하다고 본다.

다섯째, 전면보행광장화하였을 때 초래될 집회시위의 증가 가능성은 있으나 2016년부터 2017년까지 1600만 명이나 참석한 광화문광장에서의 대규모 촛불집회가 비폭력·평화·문화적 운동으로 진행된 기억을 떠올린다면 낙관적 견해도 가능하다. 최근에 청와대도 용산으로 이전하였기에 집회시위의 상징성과 효과성도 떨어진 점은 국방부 근처로 집회 신고가 증가하는 사실로 확인할 수 있다. 민주적이고 투명하며 능력 있는 정부라면 국민, 정치인, 전문가, 시민단체 등 모두가 참여하는 공론화 과정을 거쳐 광장 이용에 대한 합의된 룰을 도출하고 집행하여야 한다.

마지막으로 광장 형태의 완결성 추구이다. 광장은 건조환경으로 둘러싸인 오픈된 공간이다. 지금 재탄생된 광장의 형태를 보면 세종문화회관 쪽 편입된 도로는 나무를 많이 심어서 광장인지 공원인지 정체성 시비가 나올 듯하다. 넓은 공간, 공개된 공간은 평상시에는 통행, 산책, 운동, 휴식, 담소할 수 있게 해 주고 비상시에는 많은 사람들이 모이게 하고 공공 문제에 대하여 논의하고 요구할 수 있게 만드는 공론장의 공간이다. 광장의 본질은 비움이고 비워져 있을 때 사람들이 주인이 된다. 촛불광장의 경험에서 사람들이 국민주권의 주체가 되고 서로 연대가 되는 집단이 됨을 알고 있다. 서측보다 사람들의 통행량이 많은 미 대사관 측 도로마저 광장화한다면 비정형성 문제, 정체성 문제, 역사성 문제 등 논란을 잠재우고 서울의 얼굴로서 명실상부한 100년이 가는 세계적인 랜드마크광장으로 탄생할 수 있다.

2006년 광화문광장 조성 기획단계에서 해결해야 할 과제가 교통과 은행나무, 역사 축의 공간 복원 세 가지였다고 모두에 밝혔다. 교통은 현대적·기술적 문제인데 은행나무와 역사 축 이슈는 일제 강점기 시기에 우리나라의 심장이자 얼굴인 한양과 그 중심 광화문 일대의 공간적 파괴와 변형의 이데올로기와 관계된 것이다.

광화문 앞 육조거리에 동경도의 도목인 은행나무를 심어 천년만년 한반도를 지배하고자 하는 야욕을 풍수적으로 나타내었고, 총독관저-총독부-경성부청사-조선신궁으로 이어지는 대일본천이라는 새로운 도심축의 조성은 '동화주의' 이데올로기의 공간재현이었다.

광화문광장을 기획하면서 공공공간에 통치 이데올로기가 얽혀 있다는 역사적 사실을 마주하게 된다. 조선왕조 시대에는 유교와 풍수, 일제강점기 때는 풍수와 동화주의, 해방 후 자유민주주의와 민족주의, 박정희 정권의 경제성장제일주의·반공주의·민족주의, 1987년 민주화 이후 민주주의와 지방자치제, 환경주의·복지주의·문화주의 등 다원적 이데올로기, 2016년 촛불집회 이후에 실질적·내용적 민주주의가 광화문 일대 세종로 공간에 주인공으로 나타난다.

서양에서 공공공간으로서 광장과 이데올로기 간의 관계의 역사는 고대 그리스 아테네부터 시작된다. 아고라는 직접민주주의의 실천 공간으로서 시작되는데 중세의 권위주의 지배체제하에서는 과시형 광장으로 변형된다. 시민의식의 성장은 프랑스 혁명을 통해서 과시형 광장을 저항형 광장으로 전화시킨다. 1789년 '인간은 자유롭고 평등한 권리를 가지고 태어났고, 모든 주권의 원리는 본질적으로 국민에게 있으며, 억압에 대한 저항권'을 명시한 프랑스 인권선언이 선포된다. 주권자이자 기본권의 향유자로서 '시민'의 탄생과 시민의식의 체계화·전략화·논리화는 피지배층의 저항 이데올로기로서 민주주의를 본격적으로 광장에 등장시킨다.

시민들에게 억압에 대한 저항권이 집회와 시위의 자유로 인정되면서 지배층의 통치 이데올로기와 피지배층의 저항 이데올로기의 분열과 대립은 과시형 광장을 저항형 광장으로 전화시키며, 두 이데올로기의 조화와 융합은 저항형 광장을 소통형 광장으로 다시 전화시킨다.

광장의 유형별 발전의 역사는 소통형(민주형) 광장으로의 궁극적 지향을 보여 준다. 광장의 개방성, 접근성, 넓은 공간은 본질적으로 '자유'와 '평등'의 가치를 내재한다. 자유롭고 평등한 사람들이 서로 모여 공적인 문제를 논의하는 것은 민주주의의 형식과 절차가 갖추어져 있는 공간을 전제로 한다. 하지만 자유와 평등을 통한 인간존엄성의 실현은 형식적·절차적 민주주의만으로는 불가능하고 실질적·내용적 민주주의가 갖추어져 있을 때 가능하다. 광화문광장에서 '대한민국은 민주공화국이고 모든 권력은 국민에게서 나온다'는 헌법 1조를 노래로 제일 많이 새삼스럽게 부른 이유 또한 같을 것이다.

프랑스의 좌파철학자 르페브르는 공간과 이데올로기의 관계에 대한 정치적 함의를 이론적으로 틀을 제시한 사람으로서, 공간은 "사회적 생산"이라고 주장한다. 그는 공간이 주어진 고정된 볼륨을 가진 자원이 아니라 생산이 되는 것이기 때문에 공간에는 각 사회의 고유한 생산관계가 반영될 수밖에 없다고 말한다. 자본주의 · 사회주의 등 이데올로기의 존재와 역할이 공간을 재현하는 것이다.

르페브르는 후기자본주의가 공간의 재구역화 · 탈구역화로 인간 소외의 결과를 만들고 지배관계를 재생산 고착시키는데, 이에 저항하는 '주체'들의 공간적 실천으로 행위와 구조를 바꾸려는 노력이 주체가 '전유'할 수 있는 공간을 생산하면서 소외를 극복할 수 있다고 한다. '전유'는 공간 주변의 환경적 요소에 대하여 주체적으로 상상하고 체험한 것들을 바탕으로 주변의 요소들을 자신의 의지에 따라서 활용하는 실천적 행위를 의미한다.

결국 '광장 공간'은 그곳의 주인인 '사람'이 중심이 되어 소통하고, 관계하는 사회적 구조의 틀이다. 만쿠조는 "광장의 주인은 사람이다. 사람들을 위해서 광장이 존재하는 것이지 광장을 위해서 사람들이 존재하는 것은 아니기 때문이다. … 모든 집이 그 안에 거주하는 가족의 모습을 반영하듯이 모든 광장은 그 광장의 주인인 지역 주민들의 또 다른 모습이다."[117]고 하였다.

---

117) 프랑코 만쿠조, 2009, 《광장》, p 115.

광화문 공공공간에서 시대별 이데올로기의 전개는 지배층의 통치 이데올로기에 대한 시민 이데올로기의 균열·대립과 조화·융합의 변증법적 전화이다. 공간의 주체인 시민이 공간적 실천으로 광장에서의 행위와 구조를 바꾸려는 노력이 주체가 '전유'할 수 있는 공간을 생산해 온 역사이다.

2022년 8월 6일 광화문광장이 재탄생되었다. 세종문화회관 쪽으로 공간을 붙이는 서측 광장안이 실현된 것인데 조선시대 육조거리가 관악산 쪽으로 조성되었다는 주장을 명분으로 삼은 것이다. 하지만 역사적 사실은 육조거리가 광화문 앞에서 서쪽으로 진행하다가 일정 지점에서부터 휘어져 내려가면서 좁아지는 구부러진 형태였다고 알려 준다.

서측 광장안 주장의 명분 약화, 새로 조성된 광장의 비정형성, 서울의 랜드마크로서의 완결성, 광장에서의 집회시위 자유에 대한 전향적 검토, 보행자 중심 도시관리 패러다임 변화와 지하화의 기술적 타당성, 시민·전문가의 여론 조사 결과 등 제반 요건을 감안해 향후 '전면보행광장화'할 것을 제안한다. 10년 뒤, 20년 뒤 언제가 될지는 몰라도 막대한 사업비를 충당하기 위하여 '광화문광장 전면보행광장화 기금'을 조성하는 것도 한 방편이다.

참고자료

논문 및 단행본

강병호, 2016, 〈이데올로기와 정책변동과정에 관한 연구〉, 동국대학교 대학원, 박사
　　학위논문

강현수, 2021, 《도시에 대한 권리: 도시의 주인은 누구인가》, 책세상

광화문포럼, 2017, 〈광화문광장 개선의 방향과 원칙 광화문포럼 결과와 회의기록〉

금인숙 · 문상석 · 전상숙, 2010, 《한국민족주의와 변혁적 이념체계》, 나남

김백영, 2011, 〈식민권력과 광장 공간〉, 《사회와 역사》 제90집

김백영, 2013, 〈4. 19와 5. 16의 공간사회학 - 1950~60년대 서울의 도시 공간과 광장정
　　치〉, 《서강인문논총》 38

김용옥, 2004, 《삼봉 정도전의 건국철학》, 통나무

김진애, 2008, 《공간정치 읽기》, 서울포럼

김철수, 2010, 〈조선신궁 설립을 둘러싼 논쟁의 검토〉, 《순천향 인문과학논총》 제27집

김태룡, 2017, 《새한국행정론》, 대영문화사

김현욱, 2007, 《조선시대 한양의 입지논쟁》, 한국학술정보

김혜정, 2015, 《건축을 읽는 7가지 키워드》, 효형출판사

당대비평기획위원회, 2009, 《그대는 왜 촛불을 끄셨나요》, 웅진싱크빅

류한수, 2017, 〈러시아혁명의 한복판에 섰던 한국인들〉, 《지식의 지평》

리화선, 1993, 《조선건축사 2》, 발언

마이클 S. 최, 허석재 옮김, 2020, 《사람들은 어떻게 광장에 모이는 것일까? 게임이론
　　으로 본 조정문제와 공유지식》, 후마니타스

문화재청, 2007, 《경복궁 변천사(상)》

미야다 세츠코(宮前節子), 이형낭 역, 1997, 《조선민중과 황민화 정책》, 일조각

민족문화추진회, 1997, 《삼봉 정도전 1권》

박경룡, 2003, 《서울을 알고, 역사를 알고》, 수서원

박계리, 2004, 〈충무공동상과 국가이데올로기〉, 《한국근현대미술사학》 12

박승호, 2013, 〈표현의 자유와 공적광장이론〉, 《법학논고》 41

서울역사편찬원, 2019, 《국역 경복궁영건일기 1, 2, 3》

서울역사박물관, 2009, 《광화문연가》

서울역사박물관, 2011, 《서울 폐허를 딛고 재건으로 1957-1963》

서울역사박물관, 2013, 《돌격 건설! 김현옥 시장의 서울 I 1966-1967》

서울특별시, 2003, 《시민광장 조성 기본계획 연구 용역 - 시청 앞, 광화문, 숭례문광장
    조성》

서울특별시, 2005, 《세종로 이야기》

서울특별시, 2006, 《청계천사업백서》

서울특별시, 2011, 《광화문광장 백서》

서울연구원, 2017, 《진화하는 교통》

서울특별시사편찬위원회, 2010, 《서울역사 2000년》

송호근, 2020, 《국민의 탄생: 식민지 공론장의 구조변동》, 민음사

신승원, 2014, 〈르페브르의 변증법적 공간 이론과 공간정치〉, 《도시인문학연구》 제6
    권 1호

신희권, 2017, 《한양도성 서울을 흐르다》, 북촌

앙드레 모루아, 2016, 《프랑스사》, 김영사

오세훈, 〈광화문광장 조성 사업 발표 기자설명회〉, 서울시홈페이지

유홍준, 2011, 《나의문화유산답사기 6》, 창비

윤지환, 2011, 〈도시 공간의 생산과 전유에 관한 연구, 서울 문래예술공단을 사례로〉,
    《대한지리학회지》 46(2)

이규태, 1993, 《이규태의 600년 서울》, 조선일보사출판국

이덕일, 2014, 《정도전과 그의 시대》, 옥당

이종겸 · 정현주 · 김희정, 2021, 〈평양시 도시미화담론과 북한의 권력에 관한 연구

: 1953~1970년 김일성 유일지배체제 성립시기를 중심으로〉,《현대북한연구》
24(2)

앤 밴투스 외, 2008,《세계에서 가장 아름다운 광장 100》, 터치아트

장세훈, 2016, 〈광장에서 공원으로 : 5.16광장 변천의 공간사회적 접근〉,《공간과 사
회》제26권 2호

장승현 · 이근모, 2014, 〈피트니스클럽 공간의 생산 : 일상적 공간으로서 실천, 재현,
전유〉,《한국스포츠사회학회지》제27권 제1호

장인수, 2016, 〈식민지 건축의 이데올로기와 경성의 기억〉,《동아시아문화연구》제
66집

정인하, 2021, 〈평양 김일성광장의 조성과 계획원칙에 관한 연구〉,《대한건축학회논
문집》37(6)

전상인 · 김미영 · 조은희, 2015, 〈국가권련과 공간: 북한의 수도계획〉,《국토계획》
50(1)

전진영, 2019, 〈유럽광장의 진화 중세에서 바로크시대까지〉,《건축》63(4)

정태석, 2020,《한국인의 에너지 평등주의》, 피어나

조광권, 2005,《청계천에서 역사와 정치를 본다》, 여성신문사

조명래, 2013,《공간으로 사회읽기》, 한울

조지 카치아피카스, 2015,《한국의 민중봉기》, 오월의 봄

존 B. 던칸, 2013,《조선왕조의 기원》, 너머북스

최상철 · 한영주, 2020,《서울광장의 재조명》, 서울연구원

최세창, 2008,《청와대 불행을 둘러싼 풍수논쟁》, 주민출판사

최원석, 2018,《사람의 지리 우리풍수의 인문학》, 한길사

최인훈, 2020,《광장/구운몽》, 문학과 지성사

토마스 S. 쿤, 2021,《과학혁명의 구조》, 까치

따이진화, 2006,《숨겨진 서사》, 숙명여자대학교 아시아여성연구소

프랑코 만쿠조, 2009,《광장》, 생각의 나무

H.B 드레이크, 1930,《조선시대의 생활상》

하상복, 2010, 《광화문과 정치권력》, 서강대학교출판부

하상복, 2016, 《하버마스의 공론장의 구조변동 읽기》, 세창미디어

하태규, 2017, 〈고대 아테네 민주주의와 광장 민주주의: 러시아혁명 민주주의 검토의 전제〉, 《비판사회학회》

한병진, 2019, 《광장의 법칙》, 곰출판

호사카 유우지, 2002, 《일본제국주의의 동화정책분석》, 제이앤씨

홍영기, 2011, 〈집회시위 군중의 집합행동에 관한 연구〉, 《한국범죄심리연구》, 제7권 제1호

황문순, 2016, 《조선시대 장터에 가다》, 가나출판사

신문

경향신문, 2009년 8월 25일, 서울시 이인근 도시기반시설 본부장과 건축연구소 이로재 승효상 대표 간의 토론 기사

경향신문, 2010년 1월 5일, 승효상 대표 인터뷰 기사

경향신문, 2014년 9월 23일, "'광장'다워지는 광화문광장"

경향신문, 2021년 4월 27일, 도재기 논설위원

국민일보, 2020년 11월 17일, "광화문광장 공사에 목소리 내는 주자들 … 오세훈 합세", 심희정 기자

국민일보, 2020년 12월 23일, 김재중 기자

동아일보, 2010년 5월 17일, "지방선거 현장 패트롤 서울광화문광장 사용공방", 이언주·김지현 기자

동아일보, 2020년 11월 24일, 이지훈 기자

문화일보, 2009년 8월 3일, 광화문광장 조례 관련 기사

문화일보, 2010년 6월 11일, 오세훈 시장과의 인터뷰

문화일보, 2021년 1월 26일, 서울시여론조사결과 분석 기사

세계일보, 2017년 3월 17일, 안진걸 인터뷰

세계일보, 2019년 8월 22일, "광화문광장 재구조화, 장기적으로 100% 보행 위주 가
　야", 송은아

오마이뉴스, 2004년 5월 12일, "민족중흥시대, 사실은 '동상 전성시대였다'", 이순우

조선일보, 2021년 5월 12일, 육조거리 관련 기사

중앙일보, 2020년 11월 18일, 허정원 기자

한국경제, 2020년 12월 1일, 김남영 기자

한국일보, 2020년 11월 16일, "광화문광장 주인은 시민이다"

한겨레 신문, 2009년 8월 2일, "광화문광장은 테마파크인가?"

한겨레 신문, 2014년 9월 30일, 서울시 총괄건축가 승효상 인터뷰

한겨레 신문, 2017년 11월 26일, "1990년대까진 '억압의 상징' 광화문광장, 요즘엔 인
　증 샷 명소!"

한겨레 신문, 2019년 7월 30일, 광화문광장 관련 기사

한겨레 신문, 2020년 2월 1일, "광화문광장, 장기적으로 '전면보행광장' 된다", 채윤태

한겨레 신문, 2022년 2월 19일, "파리 '대개조', 매끈한 도시화가 지워버린 사람들", 이
　유리

기타 자료

국립고궁박물관 홈페이지

대한민국 역사박물관 홈페이지

문화체육관광부 홈페이지

서울특별시 광화문광장 홈페이지

서울특별시 역사박물관 홈페이지

행정안전부 국가기록원 홈페이지

네이버 지식백과, 위키백과

광화문광장

서사 · 이데올로기 · 재탄생

ⓒ 강병호, 2022

초판 1쇄 발행 2022년 10월 12일
    2쇄 발행 2022년 12월 30일

지은이   강병호
펴낸이   이기봉
편집   좋은땅 편집팀
펴낸곳   도서출판 좋은땅
주소   서울특별시 마포구 양화로12길 26 지월드빌딩 (서교동 395-7)
전화   02)374-8616~7
팩스   02)374-8614
이메일   gworldbook@naver.com
홈페이지   www.g-world.co.kr

ISBN   979-11-388-1294-8 (03340)